北疆印迹

中华文明突出特性展

内蒙古博物院 编

远方出版社

图书在版编目（CIP）数据

北疆印迹：中华文明突出特性展 / 内蒙古博物院编. -- 呼和浩特：远方出版社，2024.10
ISBN 978-7-5555-1985-0

Ⅰ.①北… Ⅱ.①内… Ⅲ.①博物馆—历史文物—内蒙古—图集 Ⅳ.①K872.262

中国国家版本馆CIP数据核字（2024）第092854号

北疆印迹——中华文明突出特性展
BEIJIANG YINJI ZHONGHUA WENMING TUCHU TEXING ZHAN

编　　者	内蒙古博物院
责任编辑	云高娃
封面设计	乔苏芝
版式设计	韩　芳
出版发行	远方出版社
社　　址	呼和浩特市乌兰察布东路666号　邮编 010010
电　　话	（0471）2236473 总编室　2236460 发行部
经　　销	新华书店
印　　刷	内蒙古爱信达教育印务有限责任公司
开　　本	787毫米×1092毫米　1/8
字　　数	68千
印　　张	13
版　　次	2024年10月第1版
印　　次	2024年10月第1次印刷
标准书号	ISBN 978-7-5555-1985-0
定　　价	198.00元

如发现印装质量问题，请与出版社联系调换

《北疆印迹——中华文明突出特性展》编委会

主　任　王世英

副主任　张文平　张红星　郑承燕

主　编　郑承燕

副主编　白　雷　杨　絮

编　委（排名不分先后）

纪　烁　刘艳妮　田从政　松　戈　魏　琦　沈莎莎
云彩凤　陈　钟　白　羽　杨萌萌　马　颖　张　帆
赵　伟　张建升　马慧敏　张　博　额尔敦桑　特日根巴彦尔
通格勒格　察苏娜　张闯辉　季江龙　陈明会　董苏艺
徐怿达　韩　俐　李　玲　张慧媛　徐　峥　王　迪
乌兰托娅　刘弘轩　蒋丽楠　陈昱昊　孙　华　郭　伟
杨智广　赵晓峰　袁世杰

主办单位　内蒙古自治区党委宣传部
　　　　　　内蒙古自治区文化和旅游厅
　　　　　　内蒙古自治区文物局

承办单位　内蒙古博物院

协作单位　内蒙古自治区文物考古研究院　清华大学艺术博物馆
　　　　　　甘肃省博物馆　　　　　　　　山西博物院
　　　　　　河南博物院　　　　　　　　　鄂尔多斯市博物院
　　　　　　赤峰博物院　　　　　　　　　巴林左旗辽上京博物馆
　　　　　　巴林右旗博物馆　　　　　　　宁城县辽中京博物馆
　　　　　　翁牛特旗博物馆

大窑遗址出土石器

旧石器时代

最大件长15厘米，宽10厘米，高8厘米

内蒙古博物院藏

  大窑遗址区域内多燧石资源，这是一种较为适合制作石器工具的原料。古人类长期在此采集石料、加工石器，使其具有石器制造场性质，是目前我国发现的年代最早、规模最大的旧石器时代石器制造场遗址。大窑遗址先后出土了刮削器、尖状器、砍砸器、石锤、石核等数以千计的石器，从旧石器时代早期到新石器时代晚期，50万年的工具发展史跃然眼前。

萨拉乌苏遗址

旧石器时代

距今约14万年

萨拉乌苏遗址位于内蒙古自治区鄂尔多斯市乌审旗萨拉乌苏河流域中下游地区,是我国境内发现最早的具有明确地层关系的旧石器时代古人类活动遗址,也是我国首次科学发掘的旧石器文化遗址。其是著名的"河套人"、萨拉乌苏文化、萨拉乌苏动物群以及我国北方晚更新世河湖相标准地层萨拉乌苏组的发现地和命名地,在我国考古史上具有重要意义。

萨拉乌苏动物群

萨拉乌苏动物群是晚更新世偏早期的哺乳动物群，主要发现于萨拉乌苏河流域。该地区当时以森林草原为主，夹有草原和荒漠草原的自然环境，发现的脊椎动物化石有四十余种。萨拉乌苏动物群与北京周口店动物群、河北泥河湾动物群共同构成了我国华北地区三大古动物群。旧石器时代，"河套人"与萨拉乌苏动物群相伴相生，揭示了古人类适应环境变化的生存能力。

原始牛右角心基部后侧化石

晚更新世
长27.8厘米
内蒙古博物院藏

原始牛是大多数现代牛的祖先，体型庞大、性情凶猛，个体比现代黄牛大一倍以上，有两只长角，栖息于草原、森林及寒冷地区，集群生活。

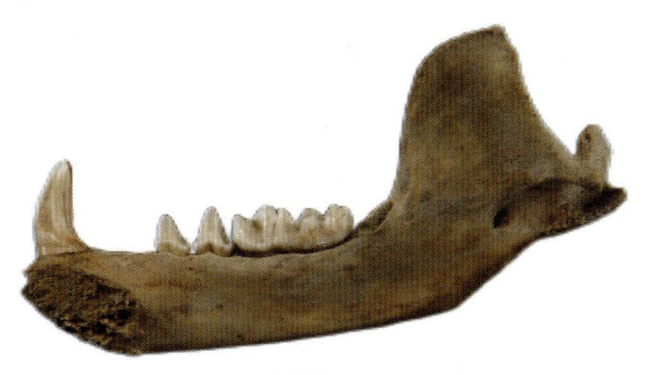

獾右下颌化石

晚更新世
长8.2厘米
内蒙古博物院藏

獾为杂食性动物，以植物的根、果实、无脊椎动物和坚果为食，栖息于森林茂密且开阔的地方，在夜间或晨昏活动。

幼年披毛犀下颌骨化石

晚更新世
长42厘米
内蒙古博物院藏

披毛犀是更新世晚期大型的腔齿犀动物，是已灭绝的冰期大型食草奇蹄类动物，栖息于森林与草原相结合地区，集群生活。

普氏羚羊角心化石

晚更新世
长13.3厘米
内蒙古博物院藏

普氏羚羊为植食性偶蹄类动物，体形似藏羚羊，但个体稍大，栖息于比较平坦的半荒漠草原地区，集群活动。

骆驼左上颌骨化石

晚更新世
长12厘米
内蒙古博物院藏

骆驼为大型食草偶蹄类动物，在风沙中活动，栖息于干旱的荒漠、半荒漠地区，以旱生植物为食，夏季散居，秋冬季结群。

乌兰木伦遗址

旧石器时代

距今约7万年

位于内蒙古自治区鄂尔多斯市康巴什新区乌兰木伦河左岸。

金斯太洞穴遗址

旧石器时代

距今约5万年

位于内蒙古自治区锡林郭勒盟东乌珠穆沁旗阿拉坦合力苏木巴拉胡嘎查。

三龙洞遗址

旧石器时代

距今约5万年

位于内蒙古自治区赤峰市阿鲁科尔沁旗巴彦温都苏木吉布图嘎查北部三龙山。

二、文明初始

红山文化是中华文化的重要源头之一，发端于西辽河流域。距今6500年左右，中原仰韶文化彩陶普遍流行以玫瑰花装饰，燕山以北的红山文化玉器则幻化出龙的形象，中原一枝花与中华龙在这里碰撞、交融，出现了象征进入古国时代的坛、庙、冢建筑群，中华文明的火花在这里萌发。

目前，内蒙古东南部和中南部地区的新石器时代研究最为深入，文化发展谱系日趋明了。

内蒙古东南部已经初步建立了自小河西文化（距今约8200年）至夏家店下层文化（距今4000年—3500年）考古学文化谱系，大量出土的极具二里头文化特色的陶礼器，表明了中原礼制对这一地区产生的强烈影响。

中南部地区也已初步建立了自裕民文化（距今8400—7600年）至朱开沟文化（距今3800—3200年）考古学文化谱系，证实早在距今6500年前后，不同地域的先民已分别沿永定河、桑干河或黄河、汾河河谷北上至内蒙古中南部地区并与当地人群融合，揭示了这一时期人类迁徙与文化传播的早期路径。

红山文化以内蒙古赤峰市郊的红山命名，时间为距今6500—5000年。红山文化晚期（距今5300—5000年）进入古国时代，彩陶龙纹（鳞纹）图案与仰韶文化庙底沟类型的彩陶玫瑰花图案相结合，出现了"龙与花"一体的彩陶装饰，这可以看作是以龙和华（花）为象征的两个不同文化传统的结合，红山玉龙与坛、庙、冢的出现也是两种文化交流后的结果。

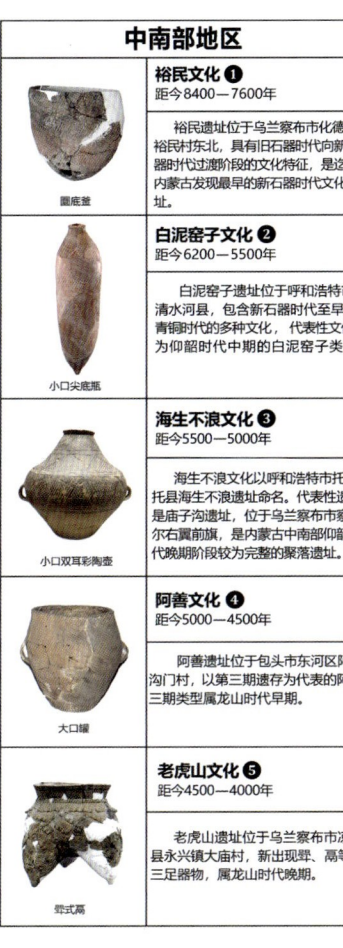

内蒙古地区新石器时代考古学文化分布示意图

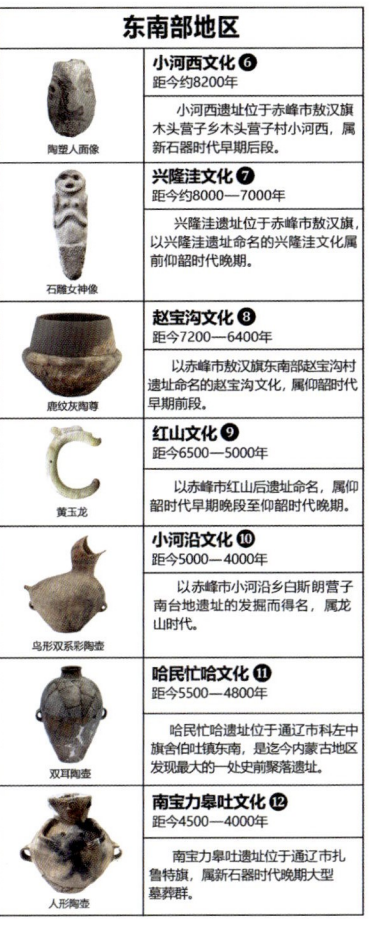

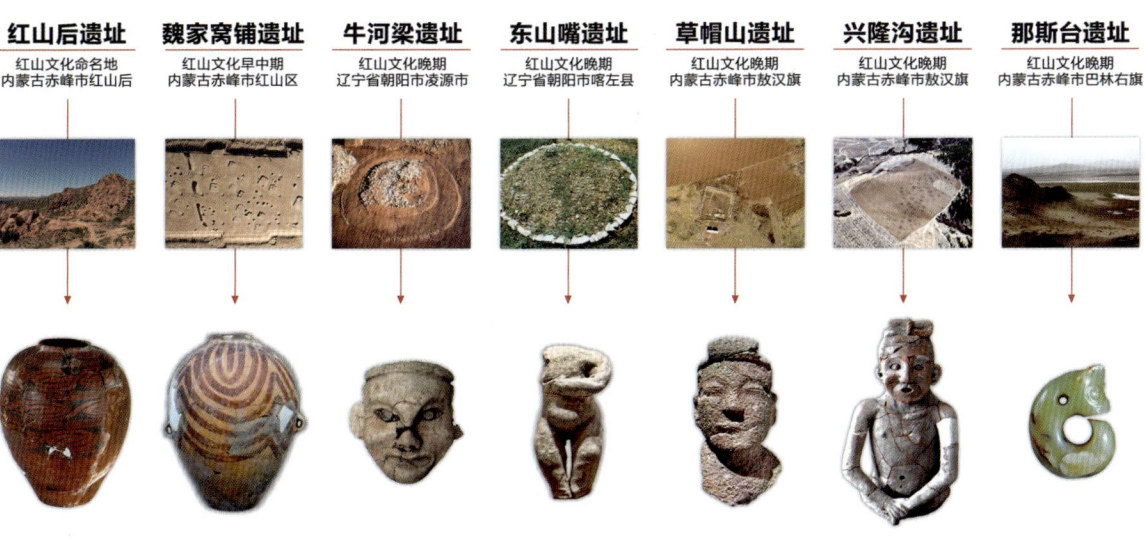

红山文化主要遗址

石器工具

大约1万年前，人类进入以磨制石器、制作陶器为标志的新石器时代。人类在改造自然的生产活动中不断地积累经验，逐渐掌握了农业种植技术，学会了饲养牲畜，手工业得以发展。在内蒙古横跨2000千米的广袤区域内，广泛分布着新石器时代文化。

石镰

新石器时代
长29厘米，宽6.5厘米
内蒙古博物院藏

石锄

新石器时代兴隆洼文化
内蒙古自治区赤峰市敖汉旗兴隆洼遗址出土
内蒙古博物院藏

石耜

新石器时代赵宝沟文化
长23.5厘米，宽14厘米
内蒙古博物院藏

石棒

新石器时代

长46.4厘米,直径2.5厘米

内蒙古博物院藏

双孔石铖

新石器时代红山文化

长19.5厘米,宽19厘米

内蒙古博物院藏

石纺轮

新石器时代海生不浪文化

直径7.5厘米

内蒙古博物院藏

红山文化玉器

以红山文化为代表的西辽河流域用玉文化，影响了中华礼制文化的产生和发展，在中华文明发展史中具有重要的历史地位。红山文化以发达的用玉、治玉和尚玉传统为主要特色，其精湛的工艺，独特的造型，是我国东北地区史前玉器进入鼎盛时期的重要标志。以玉为中心载体的玉文化，对后世产生了深远的影响，成为中华文化不可或缺的组成部分。

玉玦

新石器时代兴隆洼文化
外径3.1厘米，内径0.9厘米
内蒙古博物院藏

兴隆洼文化开创了我国史前玉器文化的先河，经历了赵宝沟文化和红山文化发展到顶峰，其后的小河沿文化玉器逐渐衰落。

穿孔半球形玉器

新石器时代红山文化
外径10厘米，孔径2.5—3.5厘米，高6厘米
内蒙古博物院藏

玉玦

新石器时代红山文化
外径7厘米，内径4.5厘米
内蒙古博物院藏

玉斧

新石器时代红山文化

长17.5厘米,宽7.3厘米

内蒙古博物院藏

玉斧

新石器时代赵宝沟文化

长18.2厘米,宽9.5厘米,厚2.5厘米

内蒙古博物院藏

"C"形黄玉龙

新石器时代红山文化

高16.7厘米,身宽2.6厘米

内蒙古自治区赤峰市翁牛特旗出土

内蒙古自治区赤峰市翁牛特旗博物馆藏

在我国新石器时代文化考古发掘中,发现了很多龙形器物,其中最具代表性的,当属红山文化玉龙。这件黄玉龙首尾相对弯曲成弧形,吻部上翘,颈后有一道长鬃,颚底刻网格纹,龙身有小孔,可能是用于悬挂的礼器。鼻、尾处留有籽料原皮色,是迄今已知"C"形玉龙里材质最佳的一件,尤为珍贵。

玉环

新石器时代红山文化

外径13厘米,内径10厘米,厚1.8厘米

内蒙古博物院藏

玉璧形器

新石器时代红山文化

外径9.8厘米,内径3.5厘米

内蒙古博物院藏

玉猪首玦形龙

新石器时代红山文化

高8.2厘米,宽6.2厘米,厚3.4厘米

内蒙古自治区赤峰市巴林左旗博物馆藏

玦形玉龙,又称玉猪龙。器型将猪与龙结合,制作精巧,蜷曲如环、头较宽大、大耳圆眼、吻部前凸,极富想象力。器身通常有穿孔,可用于系挂。

红山文化陶器

内蒙古东部地区发现的新石器时代文化，主要有兴隆洼文化、富河文化、赵宝沟文化、红山文化、小河沿文化及与此相关的邻近地区发现的各种文化类型，带有明显的地区特点。由于上述诸文化具有传承性，所以考古学界将之统称为红山诸文化。

总体来说，在北方新石器时代文化发展过程中，始终受到了中原文化的影响，而且时间越晚，这种影响就越强烈。例如红山文化彩陶，明显受中原仰韶文化庙底沟类型的影响。尤其到小河沿文化时期，本土特色几乎消失不见。文化的交流是相互的，同样各区域文化对外产生了影响。

敞口筒形罐

新石器时代兴隆洼文化

高43.7厘米，口径36厘米，底径20厘米

内蒙古自治区赤峰市敖汉旗兴隆洼遗址出土

内蒙古博物院藏

敞口，厚方唇，深腹，腹壁斜直，平底，采用了兴隆洼文化筒形罐独特的"三段式"布局的施纹方法。筒形罐是兴隆洼文化陶器中发现最多的器形，用途较杂，多用作炊器，有的也作为水器和储藏用具。

鸟形彩陶壶

新石器时代小河沿文化

高17.8厘米，底径9厘米

内蒙古自治区赤峰市元宝山区哈拉海沟遗址出土

内蒙古自治区文物考古研究院藏

泥质红陶。口作鸟喙形，扁圆腹，腹部两侧各有一桥形耳，尾端有小孔。上腹部饰黑彩蜷曲蛇纹，蛇纹中间加有鸟纹、逗点纹。

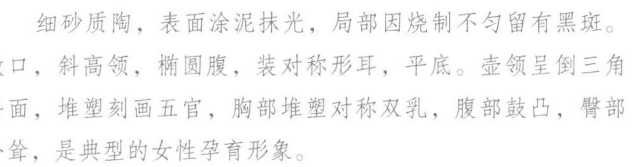

人形陶壶

新石器时代南宝力皋吐文化

口径15.6厘米，腹径39.2厘米，高23.5厘米

内蒙古自治区通辽市扎鲁特旗南宝力皋吐墓地出土

内蒙古自治区文物考古研究院藏

细砂质陶，表面涂泥抹光，局部因烧制不匀留有黑斑。敞口，斜高领，椭圆腹，装对称形耳，平底。壶领呈倒三角斜面，堆塑刻画五官，胸部堆塑对称双乳，腹部鼓凸，臀部外耸，是典型的女性孕育形象。

三、满天星斗

距今5500年前后,黄河、长江流域"谷豕是飨""饭稻羹鱼",西辽河流域的旱作农业已经颇为发达,为中华文明的形成奠定了坚实的生业经济基础。后城咀城址规模宏大的城墙、严密的防御体系、玉礼文化的浸润、精巧的器物,与中华大地上的其他考古学文化,如满天星斗,昭示着中华文明已经成为当时世界上最伟大的文明之一。

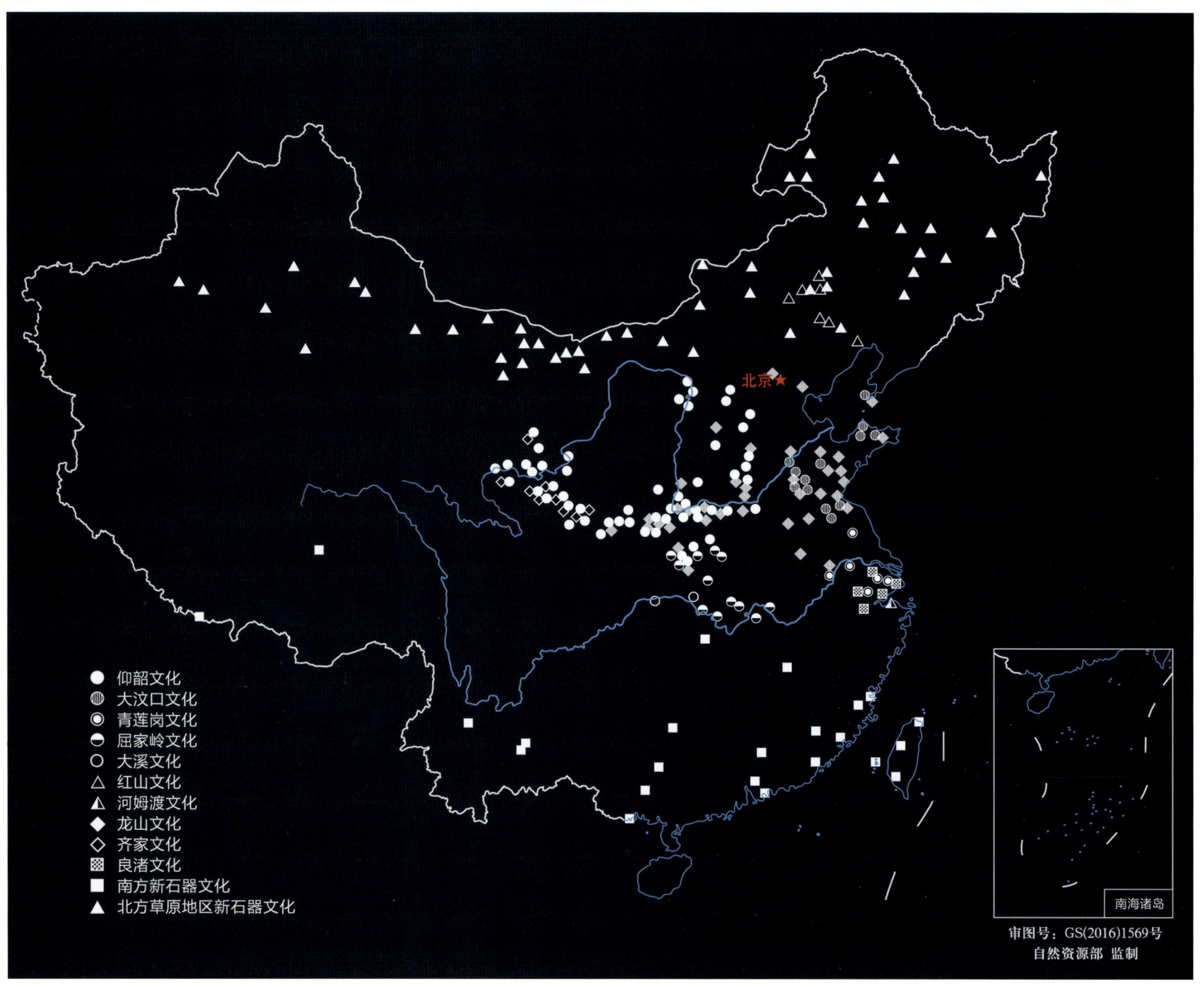

中国新石器时代主要考古学文化遗址分布示意图

花叶纹圜底罐

新石器时代仰韶文化庙底沟类型
高72厘米，口径21厘米，底径19厘米
甘肃省博物馆藏

彩绘龙纹陶盘

新石器时代龙山文化
口径40.5厘米，高8.8厘米
山西省襄汾县陶寺遗址出土
中国社会科学院考古研究所藏

陶盘为泥质黄陶，敞口，折腹，平底。外壁附绳纹，内壁以黑色磨光陶衣为地，盘内中心用朱红彩绘蟠龙图案。龙形以蛇为原型，综合多种动物特征为一体，造型朴质，图案精美，颜色艳丽，光泽细腻，是龙山文化的代表性器物之一。

后城咀石城遗址

后城咀石城位于内蒙古呼和浩特市清水河县，由瓮城、外城、内城构成，占地约138万平方米，距今4500—4300年，是内蒙古中南部已知规模最大、等级最高、防御最为严密的龙山时代石城。其主城门结构及入城方式兼具中原与北方城市双重文化因素，并发现了目前国内最早的地下防御系统，出土玉器种类、材质与石峁文化、陶寺文化、齐家文化一致，充分展现了内蒙古中南部地区在中华文明一体化进程中所起到的重要作用。

玉刀

新石器时代龙山文化
残长10.2—11厘米，宽5.85厘米
内蒙古自治区呼和浩特市清水河县后城咀遗址出土
内蒙古自治区文物考古研究院藏

优质透闪石，质地胶糯，夹杂有不规则团块结构，黑中泛赤。器表打磨光洁如镜，器身近梯形，器体扁平，刀背平直，有一单面实心钻孔，一端缘薄如刃。

玉料

新石器时代龙山文化
高4.45厘米，长9.95厘米
内蒙古自治区呼和浩特市清水河县后城咀遗址出土
内蒙古自治区文物考古研究院藏

玉料通体呈牙黄色，整体为料随形，多处风化皮层显著，有一面切割打磨。优质透闪石玉皮，包裹玉肉，俗称"石包玉"。

 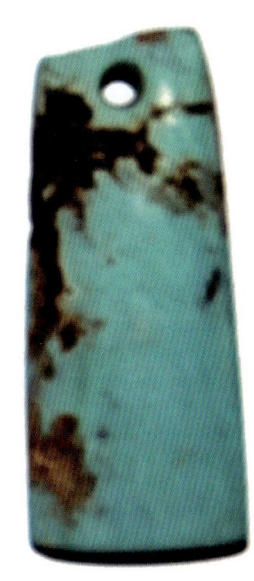

绿松石耳饰

新石器时代龙山文化
高2.35厘米，宽1.35厘米
高2.57厘米，宽1.08厘米
内蒙古自治区呼和浩特市清水河县后城咀遗址出土
内蒙古自治区文物考古研究院藏

孔雀绿松石，结构瓷密，器表抛光，整器长条形扁平体，器身两边平直，双面边刃微弧凸，方首，居中处打有一圆孔。

玉锛

新石器时代齐家文化

长11.5厘米，宽4.3厘米，厚0.7厘米

甘肃省永靖县新坪乡新庄坪出土

甘肃省博物馆藏

甘肃山石玉，青黄色，整体带皮泛糖，器表满布黑色斑纹，为玉料所自带，酷似"蚂蚁脚"。器身扁平长条形，中身平整，两腰平直，玉皮受沁变红。一端顶部微凸应为随料所制，另一端单面开刃，整体打磨光滑。

玉环

新石器时代齐家文化

外径9厘米，内径6.2厘米

甘肃省永靖县新坪乡新庄坪出土

甘肃省博物馆藏

齐家文化玉器与东北地区的红山文化玉器、江浙地区的良渚文化玉器，合称为我国三大古玉系列，都代表着各自地区史前制玉水平的最高峰。

该玉环为甘肃闪石玉，黄白色，泛有少许糖斑。器体扁平，近于圆形，为片状工具削方为圆再打磨而成。中孔正圆，器身边沿局部带有云雾状白沁。

　　中华文明具有突出的创新性。中华文明在继承创新中发展，形成了独具特色、源远流长的价值观念和文明体系，铸就了创新性的突出特质。中华民族特别重视托物言志，以古鉴今。他们极工艺于陶火，琢仁德于美玉，藏礼乐于青铜，淬坚毅于剑锋。器之载道，必合于理，必应于时。这些器物承载着中华民族的价值、审美与品鉴之道，积淀着中华民族最深沉的精神追求，是独特中华美学的物质载体，屡经冲击嬗变而不脱底色，固本培元且与时俱进，是中华民族生生不息、发展壮大的丰厚滋养。

一、淬火吉金

中国先民早在新石器时代就掌握了冶金技术。虔诚的工匠抟一抔泥土，雕千般模范，在淬火中永生，用于敬奉祖先和祭祀神灵，名之为吉金。从商周时期的钟鸣鼎食，到春秋战国的礼崩乐坏，鄂尔多斯式青铜器在我国北疆独领风骚，直至庭堂案几陈设，青铜器逐渐从礼器演化成寻常百姓的生活起居物品。蓝斑绿锈，虽经岁月涤荡，古意犹存。

"许季姜"簋

春秋时期
高25.5厘米，口径21.4厘米，底径21厘米
内蒙古自治区赤峰市宁城县辽中京博物馆藏

该器物为典型中原风格的青铜礼器，内蒙古自治区赤峰市宁城县小黑石沟出土。器内底铭文："许季姜作尊簋其万年子子孙孙永宝用"。是春秋时期许国（今河南省许昌市）铸造的礼器，战国时期随葬，实证了当时北方与中原地区之间的往来交流状况。

夔纹龙耳套环青铜罍

春秋时期

高28.7厘米，口径20厘米，宽37.8厘米

内蒙古自治区赤峰市宁城县小黑石沟墓葬出土

内蒙古博物院藏

侈沿，短颈，鼓肩软折为斜弧腹，喇叭形高圈足。肩腹部饰对称的夔龙形衔环竖耳，衔环上饰卷云纹，肩部饰一周夔龙纹饰带和重环纹饰带，腹部饰一周三角形饕餮纹饰带。罍为盛酒器，出现于商代晚期，流行至春秋中期。

小黑石沟遗址发现的中原式青铜礼器均出自规格较高的石椁墓中，这对研究当时北方草原地区与中原青铜文化的交流具有启发意义。

马钮马耳双连青铜罐

春秋时期

高11.6厘米，通长28.5厘米，口径8.5厘米

内蒙古自治区赤峰市宁城县南山根墓葬出土

内蒙古博物院藏

相连两罐形制相同，子母口，圆腹。两条平行的横梁连接两罐腹部，盖顶及两侧各立一马形钮。

南山根墓葬是夏家店上层文化晚期的代表性遗存，这一时期动物纹的表现手法有了很大的发展，既有写实形象，也有图案化的形象。多个动物排列在一起，只表现动物的大体轮廓，是这个时期动物纹饰的主要特点。

龙首青铜灶

汉代

高19厘米，长27厘米

内蒙古自治区鄂尔多斯市东胜区漫赖乡出土

内蒙古博物院藏

炊煮器，铜质，由灶、釜、甑、烟囱等部件组合而成。灶成舟形，甑附铺首衔环，置于釜上。灶前为矩形灶门，后部立一昂首嘶吼状龙首烟囱。灶身两侧各有一铺首衔环，底部有对称分布四蹄足。整器造型别致，工艺精细，构思巧妙。

龙首青铜灶是典型的中原文化产物，在内蒙古长城地带墓葬中出现，反映了当时多民族聚居、融合的史实。

二、比德于玉

玉，石之美者，以其色泽温润，质地坚硬，美观稀有等特性，在古代祭祀、朝聘、盟誓、征伐、宴飨、婚冠、丧葬等活动中被广泛使用，并可分巫玉、王玉和民玉三个阶段。古人还将玉与君子之德相比，"有匪君子，如切如磋，如琢如磨"。国人尚玉、爱玉的文化传统自文明伊始至今，绵延不绝。

玉勾云形器

新石器时代
长8.8厘米，宽3厘米，厚0.6厘米
内蒙古自治区通辽市哈民忙哈遗址出土
内蒙古自治区文物考古研究院藏

此为简化的勾云形器，岫岩闪石玉河磨料，黄绿色，玉质细腻，一侧保留有少量玉皮，玉皮为红褐色，整器呈圆角长方形。此器正反面一致，均饰以瓦沟纹，器身有对钻系孔，一端有微凸齿牙，齿槽较浅。

玉勾云形器

新石器时代红山文化
长18.2厘米，宽10.9厘米，厚0.4厘米
内蒙古自治区赤峰市巴林右旗那日斯台遗址出土
内蒙古自治区赤峰市巴林右旗博物馆藏

整体为一抽象的鸱鸮，岫岩闪石玉，黄绿色，器体扁平，近圆角长方形，中心镂空且勾卷，上缘与下侧均雕有犀牙。勾云形器是红山文化典型玉器之一，因形似勾云而得名。其造型抽象，极具美感，是红山文化先民高超技艺与精神追求相结合的产物。

玉璜

新石器时代红山文化
长4.3厘米，宽1.1厘米，厚0.4厘米
内蒙古自治区通辽市扎鲁特旗昆都岭遗址出土
内蒙古自治区文物考古研究院藏

整体呈牙黄色，内外修圆，体扁平，两端均有打孔。红山时期玉璜器类较少见，此器应为玉环改制。

玉璧

新石器时代红山文化
直径2.5厘米，环宽0.8厘米，厚0.5厘米
内蒙古自治区文物考古研究院藏

贝加尔湖闪石玉，呈青绿色，内外轮廓均呈不规则圆形，外圆应为一更大玉璧，以旋刻法取芯，又以其芯料打孔而成，亦为璧芯璧。

玉璧

新石器时代
直径7.5厘米，环宽2.5厘米，厚0.6厘米
内蒙古自治区通辽市哈民忙哈遗址出土
内蒙古自治区文物考古研究院藏

岫岩闪石玉，黄绿色，圆角方形，器身中部略厚，两侧渐薄，截面呈柳叶状。外壁边缘有少量皮色，靠近上侧中部对钻有一小孔，器表抛磨精细。

双联玉璧

新石器时代

直径3.5厘米，环宽1.8厘米，厚0.2厘米

内蒙古自治区通辽市哈民忙哈遗址出土

内蒙古自治区文物考古研究院藏

———

贝加尔湖闪石玉，灰白色，局部边缘有黑色瑕斑，器体扁薄，似两璧相联，上小下大，且两璧中均打有圆孔，孔壁出现旋刻法取芯所产生的台痕，外缘薄如钝刃，整体打磨光洁细腻。

玉鱼

新石器时代红山文化

长5.5厘米，宽2.5厘米，厚0.8厘米

内蒙古自治区文物考古研究院藏

———

青绿色，整体包浆浑厚，器表满布红褐色沁痕。器体形态似鱼，器身随料前后各打有一对钻孔，一侧正面打孔融入造型之中，作为鱼眼。

玉箍形器

新石器时代红山文化

长12.8厘米，口径8.3厘米，壁厚0.6厘米

内蒙古自治区赤峰市巴林左旗博物馆藏

———

岫岩闪石玉河磨料，黄绿色，质地细腻，保留少量红褐色玉皮，器表打磨光滑。

玉箍形器也是红山文化的代表性玉器之一，又称斜口筒形器、马蹄筒形器。其基本特征为筒形、中空，一端为斜口。筒壁极薄，制作难度很高，可能是采用拉丝法一点点切磨而成。玉箍形器只在规格较高的大墓中出现，代表了墓主人的身份地位，可能不是或不仅是用来束发的器物，所以不直接将这类玉器称为玉箍。这种上下贯通的器物，可能是沟通天地的礼器。

玉戈

商代

长26厘米，宽5.6厘米

河南博物院藏

通体受沁呈牙黄色，白色玉材隐露，表面有泥土附着。整体器形狭长，器身脊部微凸，两侧至刃部渐薄，其横剖面呈柳叶状。前锋甚短，状如三角形，援长略倾，上下刃打磨锋利，内为长方形且边沿受沁起粉状。

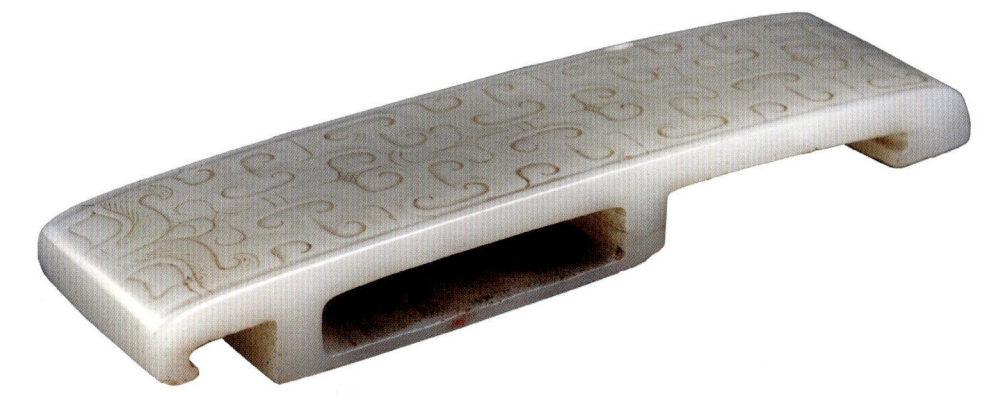

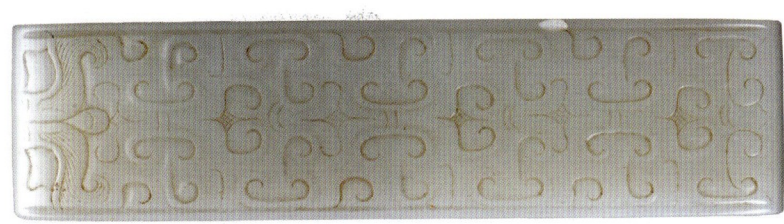

玉戚

商代

长11.3厘米，宽5.5厘米

河南省信阳市罗山县莽张镇出土

河南博物院藏

玉质为青灰色，器形扁薄，呈"风"字形，器身两侧均雕有扉牙且相互对称。每侧各雕有两组，每组为三齿，两组扉牙为一对相背镜像的龙首，宽刃弧凸，双面开刃，打磨精细，柄部钻有一孔，是一种斧形礼器。

龙虎纹青玉剑璏

汉代

长11厘米，宽2.8厘米，高1.4厘米

内蒙古博物院藏

剑璏作双卷檐形，璏面纹饰均以减地浅浮雕技法雕琢，线条精细流畅，璏面一侧为对称的兽面纹，其余为左右对称的勾连云纹。剑璏为古代剑饰之一，可将剑固定于腰间。古代剑饰一般由四件组成，统称为玉具剑，除剑璏外，还有剑格、剑首和剑珌。

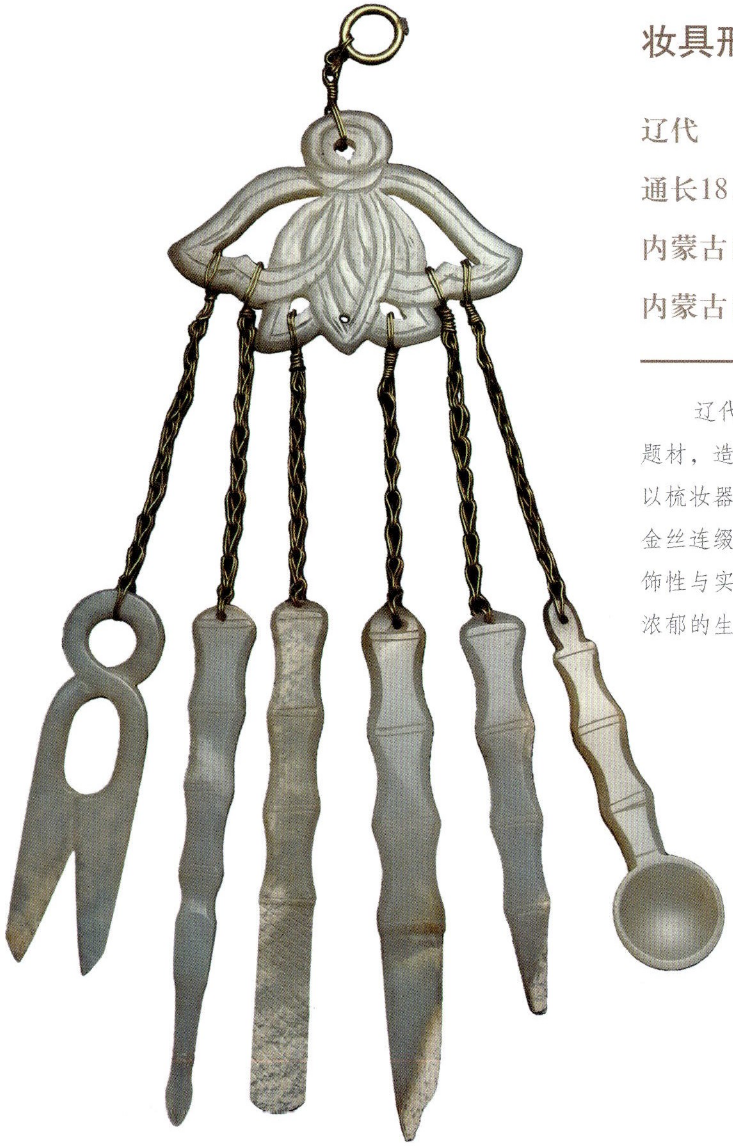

妆具形玉组佩

辽代

通长18.2厘米

内蒙古自治区通辽市奈曼旗青龙山镇辽陈国公主墓出土

内蒙古自治区文物考古研究院藏

辽代玉器选材考究，多以生肖、人物、花草为题材，造型设计以动态见长，趋于写实。此件玉组佩以梳妆器具为题材，上方饰镂雕莲花形玉佩，下方用金丝连缀剪刀、鳞、锉、刀、锥、勺六件玉坠，集装饰性与实用性于一体，具有鲜明的契丹特色，散发着浓郁的生活气息，为辽代玉器的典型代表。

螭龙纹玉剑璏

宋代

长9.8厘米，宽2.8厘米，高2.1厘米

内蒙古博物院藏

玉剑璏通体灰白，器呈长方拱形，表面浮雕螭龙纹，做攀爬姿态；背面有一矩形系带孔，便于革带穿过。此类玉剑饰在战国、汉代时比较盛行，纹饰华美。该件玉剑饰刀工细腻，线条流畅，沿袭了汉风，极具动感。

玉剑格

宋代

长6.5厘米，宽2厘米，高2.8厘米

内蒙古博物院藏

此玉剑饰呈三角形，鸡骨白色，两端微薄，中部略宽厚，内部有长方形卡槽。器表刻饕餮纹，雕工粗犷，洒脱流畅。剑格是套于剑柄前端，连接剑身与把手，用以保护手掌的装饰护具。战汉时期玉剑格十分流行，历朝各有仿制。

鱼形玉盒

辽代

通长23.5厘米

内蒙古自治区通辽市奈曼旗青龙山镇辽陈国公主墓出土

内蒙古自治区文物考古研究院藏

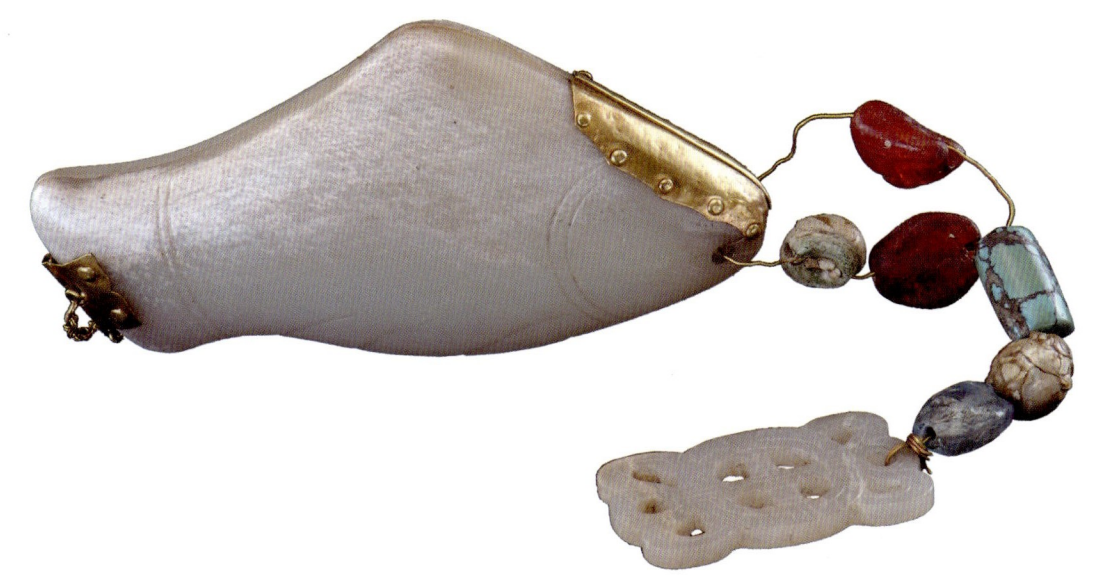

优质透闪石和田白玉，器鱼形，巧妙地运用一整块随形籽料从中间横剖成两部分，以子母口相合。嘴和尾部用金箔包裹。鱼圆雕，加以简单的阴刻线勾勒出眼、鳍、尾。鱼嘴部打孔，内穿金丝，与绿松石管珠、蜜蜡珠、水晶珠及一件透雕白玉牌饰等连结而成，器表整体抛光。

"大清乾隆年制"青玉碗

清代

长9厘米，宽9厘米，高5.5厘米

内蒙古博物院藏

和田青玉质，通体光素无纹，微侈口，口沿平整光滑，斜收腹，底为圆圈足，足心刻有篆书"大清乾隆年制"字样。玉碗整体造型沉稳端庄，线条简练圆熟，胎体薄厚均匀，抛光细腻，古朴清雅，当属清代之雅具。

镂雕长寿鸟纹青玉带扣

元代

长8.6厘米，宽7.5厘米，厚2.9厘米

内蒙古博物院藏

此带饰青玉质，器形呈长方形，正面整体为弧面。以多层镂雕、透雕技法刻画花鸟纹，花草锦地，两只绶带鸟为舞动之姿。阔叶植物叶脉清晰，缠枝穿插自然，有花下压花之感。整块玉饰镶嵌在铜鎏金扣头之上，可供穿搭佩戴。整器线条优美，疏密得当，流畅自然，琢工精细，显示出这一时期特有的艺术风范和高超的制玉水平。

兽面纹朝冠耳玉盖炉

清代

通高11.3厘米，通宽16.5厘米，口径11.5厘米

内蒙古博物院藏

炉顶平面无纹饰，圆形盖钮，朝冠耳线条挺拔优美。腹部及盖面浮雕兽面纹，左右对称分布，钮沿、口沿及足墙各饰回纹一周。整器造型端庄典雅，玉料厚重，内膛掏挖工整，为清代仿古玉器之精品。

乳丁纹双龙耳青玉杯

清代

通长12.2厘米，口径7.5厘米，高4.9厘米

内蒙古博物院藏

龙凤纹海棠式青玉花觚

清代

口径7.7厘米，高16.2厘米

内蒙古博物院藏

敞口，束颈，折肩，鼓腹，喇叭形高圈足，通体呈四曲海棠形。颈、腹间浮雕龙凤纹，意为龙凤呈祥。整器造型古朴典雅，是一件不可多得的仿古玉器精品。

鹤鹿同春人物纹青玉山子

清代

长12.5厘米，宽4.5厘米，高14厘米

内蒙古博物院藏

此摆件以"鹤鹿同春"为题材，由和田玉雕琢而成。山子呈三角形，随形雕刻人物、古树、瑞鹿、仙鹤等，悠然自得，意趣横生。整体构图疏朗有致，层次分明，颇具意趣。

白玉童子

清代

长4.7厘米，宽2.7厘米，高3.1厘米

内蒙古博物院藏

立体圆雕童子，和田白玉，双手持如意，憨态可掬，背后留枣红皮，并俏色巧雕芭蕉灵芝图案，寓意大业有成，吉祥长寿。

石榴玉盒

清代

长10.3厘米，宽8.5厘米，高5.5厘米

内蒙古博物院藏

玉盒质地为和田带皮籽玉，玉质温润细腻，以石榴为形，呈扁圆状，子母口扣合。雕工精湛，打磨细致，线条流畅，刀法贯穿有力。玉盒一面刻"百子榴"，寓意多子多福、子孙满堂。

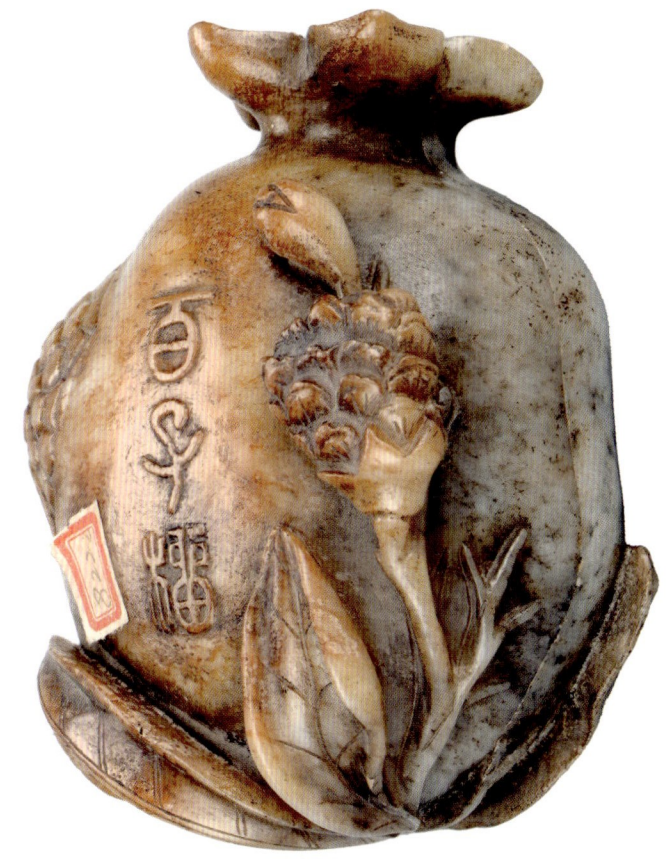

三、火土成陶

陶器是人类利用化学变化改变物质结构的开端，是人类最早的发明创造。史前先民捏土成形，风干火烘，用作盛具。随着技术的进步与审美意识的增强，又在陶坯上用颜料绘制稚拙古朴的装饰图案。普通的陶器在陶工的精心装扮下，成为一件件艺术品，虽久经时光的磨炼而不失光彩。

彩绘袋足鬲

夏家店下层文化

高21.9厘米，口径15厘米

内蒙古自治区赤峰市敖汉旗大甸子遗址出土

内蒙古博物院藏

彩绘兽纹四系黑陶尊

夏家店下层文化

高34.5厘米，口径16.5厘米，底径15.2厘米

内蒙古自治区赤峰市敖汉旗大甸子遗址出土

内蒙古博物院藏

夏家店下层文化的陶器特点鲜明，实用陶器以青灰色为主，泥条盘筑，烧制温度较高。随葬陶器胎呈橙红色，烧制温度较低，器表黑色，以红、白两种颜色勾画花纹。从其制作精细、纹饰精美等特征来看，陶器制作已经专业化，逐步成为相对独立的行业。夏家店下层文化的陶器以三足器为代表，特别是袋足三足器，制造工艺复杂，是三足器中的先进形态。

随葬陶器上的彩绘图案多用白色画出主纹，以红色勾勒填地。多数纹饰以复杂的卷曲线条构成多种二方连续的单元，也有少数纹饰是以兽面为主，以上述二方连续的单元为辅。在整个器物画面的分割、布置与主、辅纹饰的配合等方面，显示了它与中原商周文化有密切联系。

黄釉马

唐代

长38.5厘米，高50厘米

内蒙古博物院藏

彩绘舞乐陶俑

北魏

最高19.8厘米，最低15.5厘米

内蒙古自治区呼和浩特市大学路墓葬出土

内蒙古博物院藏

舞乐俑头戴风帽，身穿长袍，做出吹、拉、弹、舞等动作，虽然陶俑手中乐器已失，但仍是研究鲜卑族音乐舞蹈艺术的珍贵实物资料。北魏时期的乐舞在继承中原文化传统的同时，吸收西域乐舞特点，同时也受佛教艺术影响，形成丰富、成熟的乐舞艺术，为隋唐乐舞艺术的发展奠定了基础。

八角形三彩砚

辽代

直径22厘米，高12.6厘米

内蒙古自治区赤峰市宁城县头道营子乡埋王沟出土

内蒙古自治区文物考古研究院藏

　　唐三彩是低温釉陶器，其釉色以黄、白、绿三色多见，实际上釉色远不止三种，而是黄、白、绿、蓝、赭、黑等各色纷呈。唐三彩是釉陶发展的高峰，形成了造型生动、釉色斑斓的艺术特色，釉陶也从实用器扩展到人物雕塑、动物造型、建筑构件、墓葬明器等。

三彩镇墓兽

唐代

宽15.5厘米，残高30厘米

内蒙古博物院藏

三彩印花牡丹纹盘

辽代

口径25厘米，高5.6厘米

内蒙古博物院藏

唐三彩源于汉代单色釉陶器，极盛于唐代，宋辽金乃至元明时期，三彩器仍然沿用。宋代、辽代的三彩器继承唐三彩工艺，被称为宋三彩、辽三彩。辽代的低温铅釉陶器，在技术上受唐三彩影响，多用黄、绿、白三种颜色。当时内蒙古自治区赤峰市缸瓦窑、林东窑及辽宁省辽阳市江官屯窑、北京市龙泉务窑等均生产三彩器。

四、天工巧瓷

中华民族特别重视以古鉴今，守正不守旧、尊古不复古。历代陶瓷皆有新创烧的品种，异彩纷呈，承载着当下的价值、审美与品鉴之道，是古人对于物质在高温中创造性转化的深刻理解，也是独特中华美学的物质载体。器以载道，匠心机巧的背后，折射出中华文明守正创新的底色。

辽代鸡冠壶

鸡冠壶是辽代特有的一种瓷器器形，也称作马镫壶，是依据皮囊壶的形状创制而成。因其顶部呈云头形或弧形提梁，形似鸡冠而得名。鸡冠壶极具民族特色，是体现辽代多元文化融合的代表性器物。

鸡冠壶的形制演变反映了契丹的发展历史和兼收并蓄的文化特色，常作为辽代墓葬的重要断代依据之一。早期的鸡冠壶，器型厚重、饱满，受到唐文化的影响。中期以后，壶身增高，变得挺拔俊秀，受宋代发达制瓷业的影响。

鸡冠壶有多种材质，以陶瓷为主。从造型上看，陶瓷鸡冠壶大体分为两类，一类上部带有穿孔，有单孔和双孔式；一类上部带有提梁，又分为矮身横梁式、扁身环梁式、圆身捏梁式等。釉色有白釉、绿釉、黄釉、酱釉、茶叶末釉和三彩等。从纹饰上看，皮条类等契丹纹饰、团龙纹等中原纹饰、迦陵频伽等佛教纹饰，和其他种类丰富的纹饰汇聚在一起，充分体现了辽代在文化上的兼收并蓄。

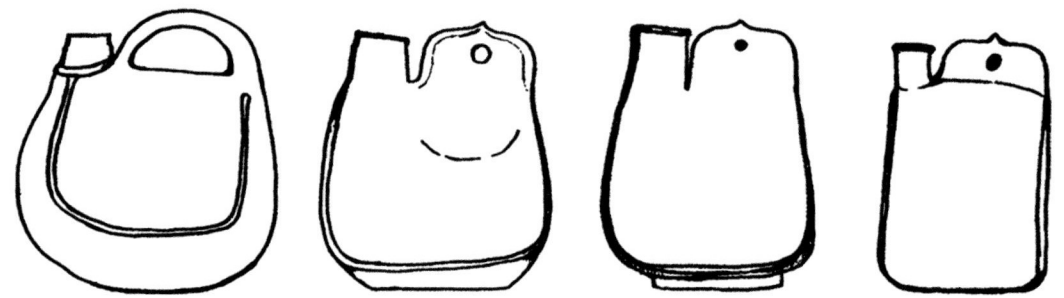

发展期

约在辽太祖到穆宗时期，制作规整，装饰朴素

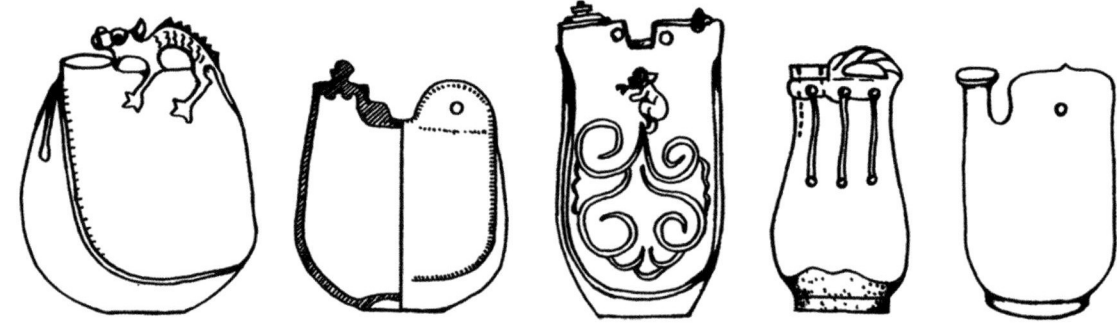

繁荣期

约在辽景宗到兴宗时期，造型富于变化，注重装饰

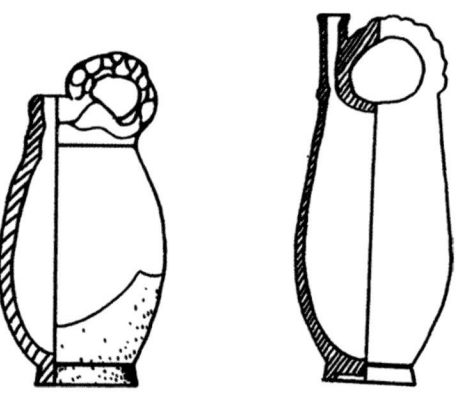

衰落期

约在辽道宗时期，形制单一，纹饰基本消失

辽代鸡冠壶形制演变分期示意图

白釉绿彩提梁鸡冠壶

辽代

口径2.8厘米，腹径15厘米，底径7.8厘米，高29厘米

内蒙古博物院藏

白釉鸡冠壶

辽代

高23.9厘米，口径4.1厘米，足径10.2厘米

内蒙古自治区赤峰市大营子辽驸马墓出土

内蒙古博物院藏

绿釉提梁鸡冠壶

辽代

高29.1厘米，底径7.9厘米，腹径14.7厘米

内蒙古自治区兴安盟科右中旗巴扎拉嘎墓出土

内蒙古博物院藏

喇叭口褐釉瓷壶

辽代

口径14.3厘米，底径10.5厘米，腹径23.5厘米，高32厘米

内蒙古自治区赤峰市阿鲁科尔沁旗耶律羽之墓出土

内蒙古自治区文物考古研究院藏

喇叭口，沿略卷，颈部外张，鼓腹斜收，圈足外撇。口部、颈部各饰弦纹一周。圈足内底未挂釉。胎质细腻，釉色温润，是辽瓷的上乘之作。此种器型一般称盘口束颈壶，流行于10世纪中叶前后，多为陶质，腹部为瓜棱形，施釉器应该是从其中脱胎而来。

黄釉提梁鸡冠壶

辽代

高27.5厘米，腹径13厘米，底径7.8厘米

内蒙古博物院藏

绿釉刻牡丹凤首花口瓶

辽代

高37厘米，口径9.5厘米，足径6.9厘米

内蒙古自治区兴安盟突泉县六户区出土

内蒙古博物院藏

辽代在继承和吸收中原地区工艺的基础上，结合自身特点发展创新出独具特色的陶瓷风格。鸡冠壶和凤首瓶、牛腿瓶、长颈瓶、穿带瓶等都是辽代瓷器中的特色器物。

凤首瓶的造型源自西亚地区，是辽代陶瓷中常见的品种之一。辽代凤首瓶有尖嘴翘尾、曲嘴张口状和曲嘴衔珠状，注水口多为花口形态。在唐宋时期，随着东西方文化和贸易交流活动的不断发展与深入，我国南北方很多地区都出产过凤首瓶，其中尤以赤峰市缸瓦窑的产量最大，品种也最为丰富。

褐釉剔花海棠纹梅瓶

西夏

高37.3厘米，口径6厘米，足径9.7厘米

内蒙古自治区鄂尔多斯市伊金霍洛旗敏盖乡出土

内蒙古博物院藏

　　西夏瓷器釉色主要以黑（褐）釉、白釉为主，有刻釉、剔釉、刻花、剔刻、印花及白釉黄褐彩等装饰方法。西夏瓷器中，剔刻釉、剔刻化妆土较为多见。刻釉多用于黑（褐）色釉器，刻花部分露出胎色，与釉色形成色差。剔刻釉技法在北宋初期磁州窑已经使用，西夏灵武窑在承袭磁州窑此项工艺时运用得比较普遍，绝大部分壶、瓶、罐、钵都用剔花进行装饰，而且在表现手法上富有创意，颜色反差理想，花纹层次分明，装饰感极强。

建窑兔毫盏

宋代

高6厘米，口径10.8厘米，足径3.7厘米

内蒙古博物院藏

　　敞口，深腹，圈足，内外施釉，有致密毛状的流垂纹理，外釉近底足，圈足无釉而露胎，胎色深黑坚硬。

　　宋代黑釉瓷器极为流行，这与当时的饮茶风气有关。宋人喜爱斗茶，即品评茶叶的好坏。宋代茶叶多为半发酵的茶饼，饮用之前先把茶饼碾碎放入茶碗，倒入沸水后浮起一层白沫，用黑釉茶盏饮茶，黑白相映，易于观察白色泡沫汤花。该器型并非正圆，向一侧偏斜，应是方便斗茶时持握和发力而有意为之。

黑釉划花罐

西夏

口径14厘米，足径15厘米，腹径32厘米，高29厘米

内蒙古自治区鄂尔多斯市伊金霍洛旗敏盖乡出土

内蒙古博物院藏

白釉黑花龙凤纹四系瓶

元代

高58.5厘米，口径14.4厘米，足径16.5厘米

内蒙古博物院藏

该瓶系元代磁州窑烧造器物，直口，卷沿，短颈处贴塑四系，长弧腹，圈足。罐口颈及上腹部施白釉，下腹施黑釉，在白釉地上饰游龙飞凤及云纹图案，纹饰饱满，线条流畅。

龙泉窑粉青釉划花缠枝牡丹纹凤尾尊

元代

高50.4厘米，口径20.5厘米

内蒙古自治区呼和浩特市白塔村窖藏出土

内蒙古博物院藏

敞口，长颈，鼓腹，圈足。颈部有弦纹，中部饰三组变形龙纹，腹部饰缠枝牡丹，下部承托一组蕉叶纹，通体施青色釉，晶莹润泽，为元代龙泉窑中的精品。

凤尾尊以其优雅的长颈喇叭口而得名，起源于宋元时期，初时多称其为牡丹大瓶或长颈花瓶，是元代窖藏中青瓷器物的典型器形，也是当时的新创器形，较为流行。可作为陈设用器，也可作为礼器。

德化窑叶形洗

明代

最宽12.5厘米,高2.7厘米

内蒙古博物院藏

该洗胎质乳白,形如落叶。背面压印出叶脉和几片相对较小的叶子;叶柄捏塑,随叶形翘出洗面;六枚用于支撑的乳钉状足顺着叶脉排列。

双凤纹青花高足杯

元代

高9厘米,口径9.6厘米,足径3.4厘米

内蒙古自治区乌兰察布市集宁路遗址出土

内蒙古自治区文物考古研究院藏

高足杯,又称马上杯、把杯,多为饮酒器,盛行于元代。元代高足杯在造型、装饰艺术和工艺等方面都得到了空前的发展。内蒙古地区出土的元代高足杯,以瓷器较为多见。双凤纹青花高足杯出土于集宁路遗址,属景德镇窑系。器形别致,细白胎,通体施青白釉。内壁饰环弦纹、暗花八宝纹、菊花纹。外壁饰弦纹、凤鸟和云朵纹。

德化窑堆花兽纹杯

明代

最宽13.8厘米,底径4.5厘米,高7.5厘米

内蒙古博物院藏

杯身大体呈喇叭状,菱形花口,平底,胎质乳白如凝脂,釉中隐现粉红。器壁上用贴塑的手法塑造出松、石、鸟、鹿、龙等造型,利用倾斜外壁造成的立体感空间,形成鸟游天高、龙藏林深、鹿鸣在原的画面。

康熙青花花卉纹盖罐

清代

口径10.5厘米，腹径21.5厘米

底径14.3厘米，高25.5厘米

内蒙古博物院藏

紫檀木罐盖镂雕折枝莲图案，与罐身子母口扣合。罐口为芒口，短颈，溜肩，鼓腹弧收，平底，圈足。通体施白色釉，以青花勾勒纹饰。器身饰有花卉纹、仰莲纹、海水波浪纹及荷莲图案，并以缠枝花卉纹间隔。底部正中绘青花方胜图案。纹饰精致，造型美观，胎质细腻，釉色光洁。

德化窑荷叶形水注

明代

口径8.6厘米，足距2.4厘米，高4.2厘米

内蒙古博物院藏

水注呈荷叶聚拢状，花口，瓜棱形腹，三足较矮，叶柄随叶向上并中空做注；在器内底流孔处贴一小螃蟹，踞于叶底，二螯一前一后做进食状，惟妙惟肖，构思巧妙。

德化窑是中国历史名窑之一。宋代开始烧制白瓷，明代达到顶峰。德化窑白瓷胎质细密，釉色白如凝脂，胎釉浑然一体，温润如玉。生活器用和文房用具较为多见，采用印花、贴花、刻划、堆塑、浮雕、透雕等装饰工艺，技艺精湛。

康熙黄釉盖罐

清代

口径21厘米，腹径33.5厘米，底径22厘米，高51厘米

内蒙古博物院藏

盖与罐身子母口相合。盖隆起，塔形钮，盖沿稍翘。罐身口部微敛，颈部粗短，溜肩，鼓腹斜收，平底。罐身外壁施明黄色釉，釉未及底，底部露胎，罐内施白色釉，釉色鲜润娇嫩。黄釉器因"黄"和"皇"谐音，故明清两代所烧黄釉器为皇室专用。

素三彩缠枝莲梅瓶

清代

口径7厘米，腹径27厘米，底径18.6厘米，高52厘米

内蒙古博物院藏

小口，卷唇，短颈，鼓肩，腹壁斜收，平底，假圈足，圈足内呈八角形。通体施深褐色釉，以浅褐、蓝、绿、白等彩勾勒纹饰。瓶口沿处描绘阔叶牡丹纹，肩部为仰莲纹，与口沿处图案以白色粗弦纹相隔。下接蕉叶纹，间以白色小花相勾连。腹部密布折枝、缠枝花卉图案，纹饰繁缛。瓶身近底部饰蕉叶纹一周，底部青花双圈内竖书"大明宣德年制"款识，外部有八条褐色放射状的线条与瓶壁相连，为清康熙年间仿制。

乾隆款祭蓝釉锥把瓶

清代

口径3.5厘米，腹径13厘米，底径7.5厘米，高30厘米

内蒙古博物院藏

———————

直立小口，圆唇，长颈，溜肩，垂腹，圈足。通体施祭蓝色釉，质感凝厚，色泽美艳。瓶内壁、足沿、圈足底部施白色釉。圈足底部正中青花篆书"乾隆年制"款识。

宣统款粉彩花蝶玉壶春瓶

清代

口径9厘米，底径12.2厘米，腹径18厘米，高21厘米

内蒙古博物院藏

———————

敞口，细颈，鼓腹弧收，圈足，胎质细腻，施白色釉。上绘粉彩折枝牡丹花卉纹，花繁叶舒，间或彩蝶翩飞。圈足底部正中为红彩楷书"大清宣统年制"款识。

清代瓷器制作技术得到了空前的发展，尤其是在康熙、雍正、乾隆、嘉庆和道光五个时期，被统称为清官窑瓷。清代官窑瓷器具有瓷质细腻、纹饰繁复、器型新颖、颜色自然、做工精细、刻款独特、技术多样等特点。

青花百寿字纹罐

明代

口径4.6厘米，腹径12.6厘米，底径7厘米，高13厘米

内蒙古博物院藏

芒口，短颈，圆肩，圈足，内外施白釉，颈部和圈足无釉，肩部饰一圈海水纹，周身绘四匝青花寿字纹饰，底部绘一圈寿桃形仰莲纹饰，象征子孙福寿繁昌。

景泰蓝马鞍

清代

鞍架：高27.8厘米，长43厘米，宽30厘米

鞯（单侧）：长75.5厘米，宽46厘米

毡鞯垫：通长96.5厘米，宽37厘米

笼头：通长133厘米

后鞴：通长644厘米

内蒙古博物院藏

大尾式马鞍，拼木胎鞍架，其上包饰有香牛皮。鞍桥边、鞍翅边及前鞍桥正面有景泰蓝铜饰。蓝色花纹毡制鞍垫及香牛皮镫磨垫上均有景泰蓝铜鞍花。

蒙古族被称为马背上的民族，历来对马和马鞍具非常重视，在长期的生产生活中，积累了丰富的马鞍制作技艺。马鞍制作工艺是草原马文化的具体体现之一，也是北疆文化的重要组成部分。

景泰蓝是我国传统瓷器工艺，其作为马鞍装饰，不仅是工艺方面的创新借鉴，也是文化交流和认同的体现。

铁捣药罐及捣杵

清代

罐：长13厘米，口径10.2厘米，腹径12厘米，底径9.5厘米

杵：长23.5厘米，宽4.5厘米

内蒙古博物院藏

中医（蒙医）铜拔

近现代

高8.3厘米，口径6厘米，腹径8.6厘米

内蒙古博物院藏

羊皮药袋

近现代

通长114厘米，宽27厘米

内蒙古博物院藏

中医（蒙医）、中药（蒙药）历史悠久，在吸收借鉴中医、藏医及古印度和阿拉伯地区医药理论经验的基础上，发展成为独特的医药理论体系。其在外伤治疗、饮食治疗和药物学上有着显著的民族和地区特点，是中华医药文化的重要组成部分。

羊皮药袋在材质和形式上具有鲜明的民族特色，捣药罐、拔罐又体现出与中医的交流融合。

二、融汇互鉴

泱泱中华，物阜民丰。中华文化以其强大的凝聚力、延续力和融合力，引万国来朝，使者相望于道，商旅不绝于途。丝绸之路传颂着千帆竞渡的浩荡，万里茶道回响着商贾驼铃的悠扬，古老的东方文明与绚丽的西方文明在中华大地上融汇互鉴。世界认识了中国，中国也倾听了世界。

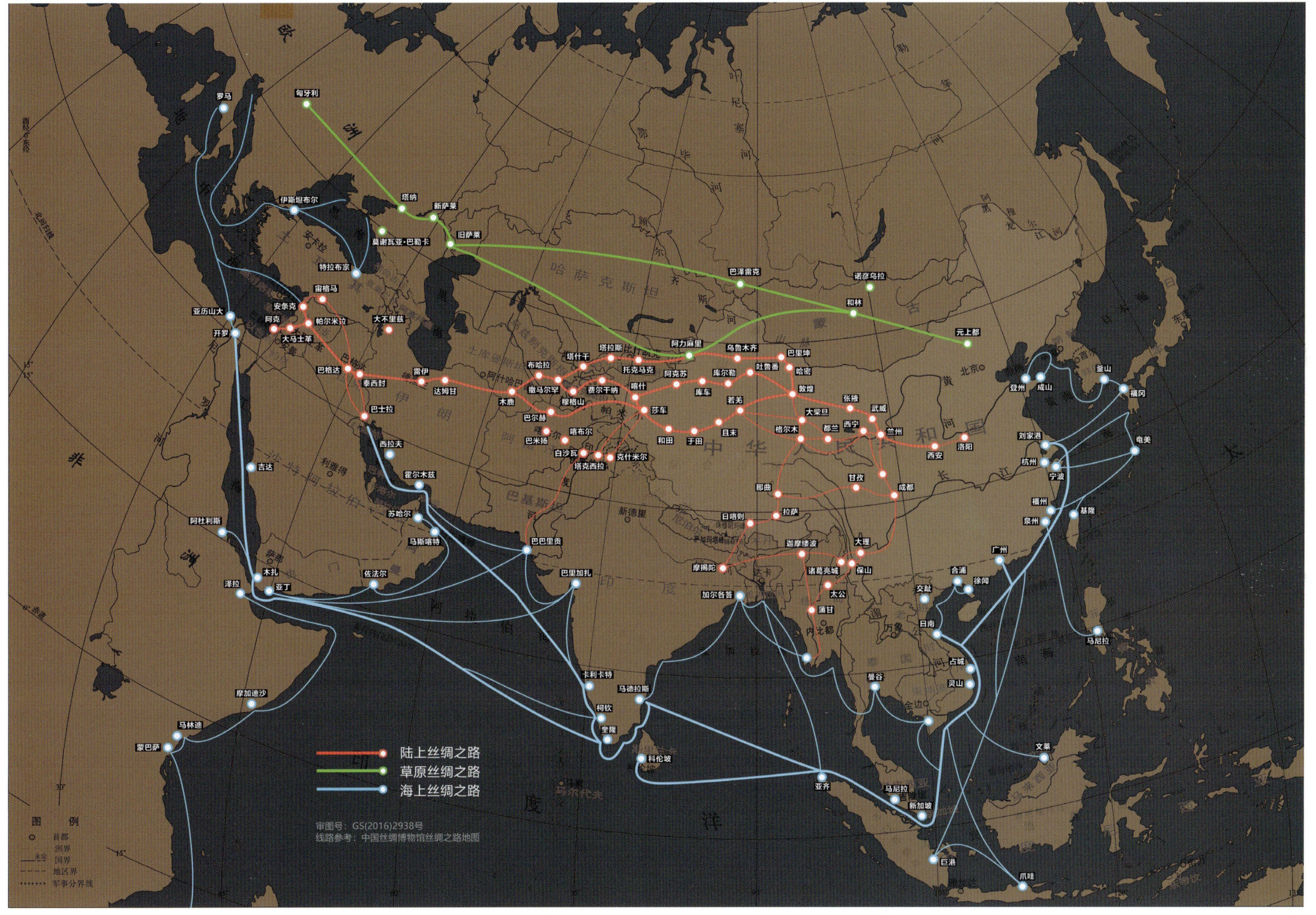

丝绸之路示意图

格里芬纹金饰

战国时期

长12.5厘米，宽10.2厘米

鄂尔多斯博物院藏

格里芬是西方传说中的一种怪兽，其具有鹰头、狮身、狗耳等多种动物结合的外形特征，不同地区还存在不同的形态。这件格里芬纹金饰，发现于内蒙古鄂尔多斯地区战国时期墓葬，明显结合了鹿角的特征，是当时东西方文化交流的见证。

摩羯戏珠纹海棠式金花银杯

唐代

长14.8厘米，宽8.2厘米

内蒙古自治区呼和浩特市和林格尔县土城子墓葬出土

内蒙古博物院藏

饮食器，锤揲焊接成型。器身作四曲海棠形，敞口、弧壁、深腹、平底，焊接圈足，足沿外撇。内口沿以鱼子纹为地，錾花叶纹；内底以联珠纹为外框，以海水为衬托，饰以锤揲法制作的两尾摩羯鱼，长鼻内卷，张口露齿，首尾相接，呈逆时针游动。

摩羯是印度传说中的一种动物，由鳄、象、鱼三种动物的特征组合而成。摩羯纹随着佛教的传播进入中国，由于唐代对外来文化兼收并蓄的包容态度，摩羯纹在唐代盛行，出土器物中十分常见。海棠杯的形式可能来源于波斯萨珊式多曲长杯。不论是摩羯纹还是海棠样式，在唐代都进行了本土化的演变，这些外来元素最后都融入中华文化的大熔炉中，成为中华文明发展的养料。

阿拉伯文铜镜

元代

直径10.5厘米

内蒙古博物院藏

此铜镜内区为卷草纹,以凸弦纹分隔,外区为一周阿拉伯文。元代中亚和西亚的色目人大量进入内地,阿拉伯文成为器物纹饰,体现了伊斯兰文化与汉文化的交流,并出现本土化趋势。

瑞兽葡萄镜

唐代

直径16.7厘米

内蒙古博物院藏

镜背分内外两区,中心有扁穿。内区瑞兽对称分布,间饰葡萄纹,外区饰禽鸟纹与葡萄纹。这面铜镜可谓盛唐铜镜的经典之作。

唐代把汉镜流行的瑞兽纹与葡萄纹巧妙地结合在一起,突破传统装饰艺术,创作出形象生动活泼、变化多样的装饰图案,使瑞兽葡萄镜成为唐代最具特色的新镜类,同时它的产生、发展也是中西方文化交融和发展的见证。

镶松石金饰

唐代

长9.1厘米,宽8.6厘米

内蒙古博物院藏

唐代社会经济空前繁荣,是金银工艺的繁盛时期。此饰件具有典型的唐代装饰风格,器物呈对凤造型,边缘由联珠纹勾勒,内镶嵌不规则绿松石,金凤足部连接插杆。

镶松石金饰

唐代

挂坠：长11厘米，宽4厘米

金饰件：长26厘米，宽1.5厘米

内蒙古博物院藏

金饰由坠饰和带饰组成。坠饰由联珠纹装饰边缘，内镶嵌绿松石。带饰分花形、圭形等，表面镶嵌花形绿松石，背面饰有固定钉。根据造型推测，此为项饰。

唐代金银首饰大量吸收外来文化，一方面反映了东西方文化的交流融合状况，另一方面也展现了唐代包容开放的博大胸襟。

堆花玻璃执壶

辽代

通高12.5厘米

内蒙古博物院藏

玻璃执壶造型别致，呈现风化后的虹彩现象。从考古发现来看，宋辽时期的西方玻璃器主要集中出土于我国北方地区，出土的辽代玻璃器不仅数量多，而且在器型及完整程度方面都令人瞩目。从类型及功用上，大致可分为盛储和装饰用具两大类，西方的舶来品主要为盛储用具，东方的玻璃器主要为装饰用品，且多以仿玉形式出现。

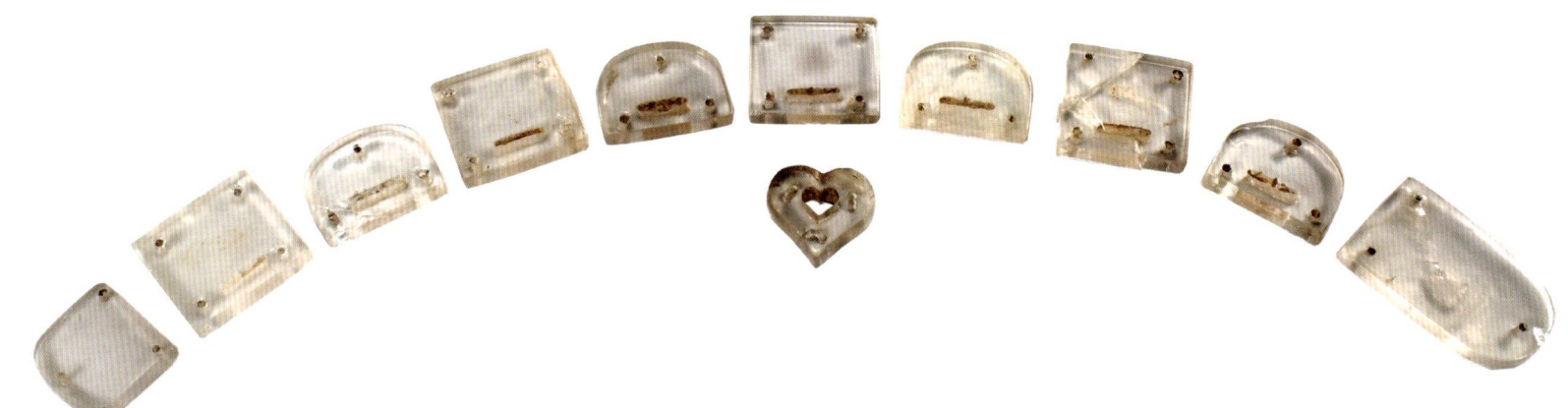

水晶带饰

辽代

最长6.7厘米，宽4厘米，厚0.9厘米

内蒙古博物院收藏

辽代带饰取材多样，有金、银、铜、铁、玉、玛瑙、水晶等种类。此带饰共11件，形状分别为半月形、正方形、桃心形等，打磨规整，有穿孔，用于固定及穿挂。

人面纹玻璃双耳扁壶

辽代

高4.8厘米，口径1.4厘米

内蒙古博物院藏

玻璃小瓶呈扁球腹，一面扁平，另一面磨制出人面纹，额部呈联珠形的凹坑，弯眉修目，颧骨凸起。在人面纹左右各有一桥钮，以示双耳。瓶体呈浅绿色，小直口。此瓶具有伊斯兰特色，在西方发现的玻璃器中可见此类器型。

蓝色玻璃簪子

元代

长15.4厘米，直径2厘米

内蒙古博物院藏

蓝色簪体表面光滑，圆形簪首，中心饰一朵梅花，周缘用白色乳钉纹装饰，尾端锥尖。从其鲜艳色彩分析，受西方玻璃制作技术影响较深。

玻璃壶

辽代

长5.7厘米，宽4厘米，高7.2厘米

内蒙古博物院藏

玻璃小壶通体呈浅绿色，外表附有风化层，扩口外撇。高颈，腹部呈圆筒状，在口和肩部连接着扁圆形把手，平底饼足。造型独特，体现出浓郁的异域风格。

阿拔斯王朝金币

公元12世纪
直径1.9厘米，厚0.1厘米
内蒙古博物院藏

———

公元12世纪阿拔斯王朝穆格泰迪尔金币，面值1金第纳尔。阿拔斯王朝为阿拉伯帝国的第二个世袭王朝，我国史籍中称之为黑衣大食。

拜占庭帝国芝诺金币

公元5世纪
直径2厘米，厚0.12厘米
内蒙古博物院藏

———

金币制于君士坦丁堡。拜占庭帝国，即东罗马帝国。通过丝绸之路贸易，拜占庭金币流入中国。

萨珊王朝库思老一世银币

公元6世纪

直径3.1厘米,厚0.1厘米

内蒙古自治区呼和浩特市坝口子出土

内蒙古博物院藏

　　模铸制作。正面为国王的侧首半身像,头戴高冠,前有钵罗婆文"库思老"铭文。萨珊风格的器物遗存在内蒙古地区多有发现,是东西方贸易和文化交流的历史见证。

萨希王朝银币

公元9世纪

直径1.84厘米,厚0.15厘米

内蒙古博物院藏

　　萨希王朝为古印度的一个王朝,存在时间大约为公元850年到公元1026年。钱币图案为骑士和神牛,文字译为斯里·萨曼塔·提婆,他是萨希王朝第二位王。

　　内蒙古地区发现的拜占庭、波斯萨珊等西方金银币,反映了当时我国北方草原地区与西方商贸往来的频繁,也印证了草原丝路在东西方交流上发挥的重要作用。

万里茶道路线示意图

万里茶道是17世纪至20世纪初，中国、蒙古国、俄罗斯之间以茶叶为大宗商品的长距离贸易线路，是继古代丝绸之路衰落之后在欧亚大陆兴起的又一条重要国际商道。

中国茶叶从南方山地产茶区出发，经水陆交替运输北上，经汉口、张家口集散转运，过库伦（今蒙古国首都乌兰巴托）后至清代中俄边境通商口岸恰克图完成交易，而后转销至俄罗斯西伯利亚、莫斯科、圣彼得堡和欧洲其他国家，干线总长1.4万余千米。

《脱帽鞠躬》手写本

清代

长23厘米，宽13厘米

内蒙古博物院藏

———

《脱帽鞠躬》主要收录清末中蒙俄贸易商人所写文章，内容为当时中蒙俄贸易情况以及商人们面临的困难和挑战。

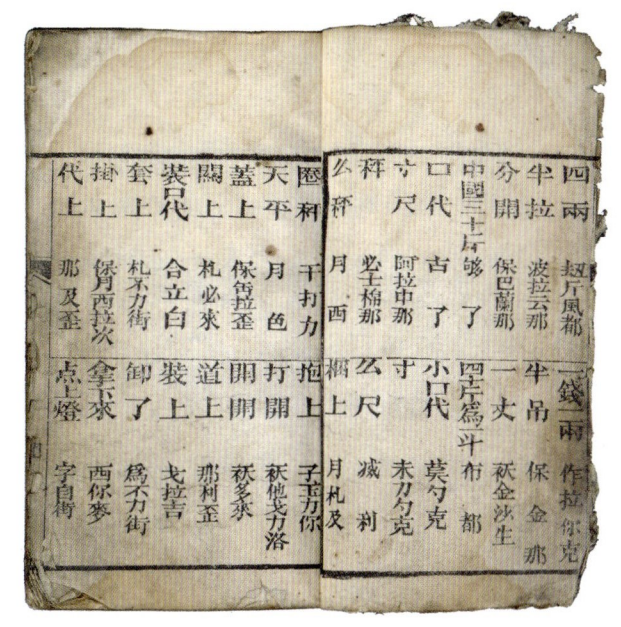

汉俄对话本

1900年

长17.5厘米，宽10.5厘米

内蒙古博物院藏

———

1900年印刷出版，以汉字标音的汉俄对话本。

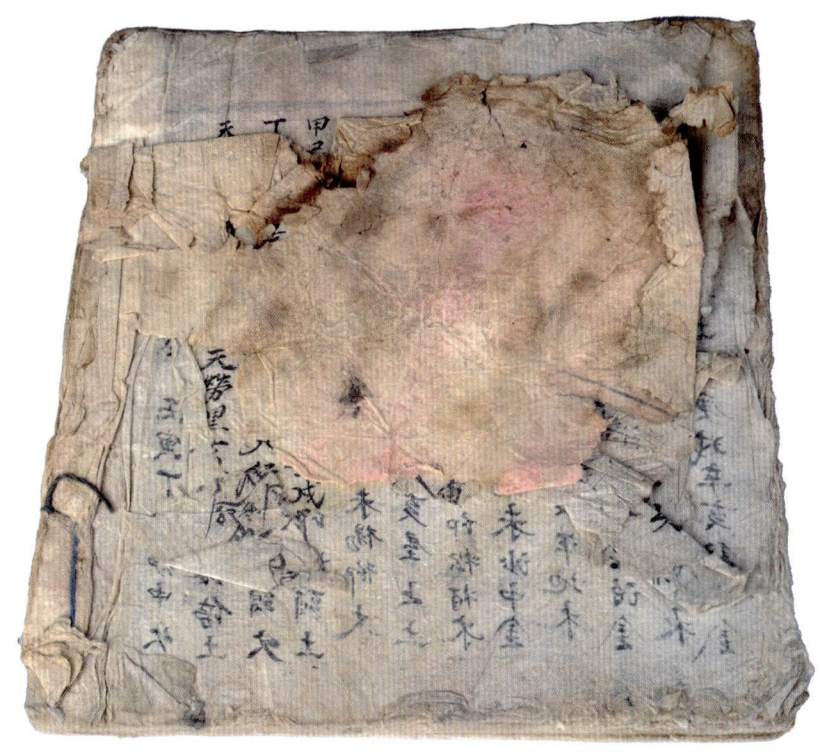

中蒙俄贸易商手写汉蒙会话册

清代

长23厘米，宽21厘米

内蒙古博物院藏

清朝末年，许多贸易商人开始编写汉蒙会话册，通常包括基础的商业用语、数字和计量单位、问候语等，帮助汉蒙贸易商人进行简单交流沟通。

龙柄龙流铜茶壶

清代

高22厘米，宽23厘米，腹径13厘米

内蒙古博物院藏

龙柄、龙流、火珠钮，莲瓣纹圈足。结实耐用的铜器比瓷器、玻璃器等更为适用于游牧生活，故而很受蒙古族牧民喜爱。

红铜东布壶

清代

高39.6厘米，宽22.5厘米，底径17.6厘米

内蒙古博物院藏

东布壶，又称多穆壶，其形制源于元代中亚多穆壶。东布壶具有结实耐用、便于携带的特点，一直在我国北方草原地区沿用，是蒙古族喜用的盛奶茶器皿。

紫铜茶壶及火盆

清代

壶高28.5厘米，火盆高21厘米，腹径27厘米

内蒙古博物院藏

火盆由黄铜制作，盆口处有3个莲瓣形豁口，两侧有如意形环状提手。茶壶为紫铜材质，火焰钮，直口，短颈，丰肩，平底，双提梁。壶嘴饰龙纹，长流，整体边缘饰鎏金龙纹图案。

俄式铜茶具

20世纪初

壶高15.2厘米，侈口杯高7.4厘米

盖罐高8.9厘米，盘直径28.7厘米

内蒙古博物院藏

茶具制作精美，是俄罗斯人的传统生活用具。俄罗斯人生活的地区气候寒冷，随时用可以加热、保温的茶炊冲泡红茶是他们的生活习惯。

三、多元宗教

两汉之际，佛教传入中国。此后，伊斯兰教、景教等宗教相继传入，连同中国本土宗教道教一起为芸芸众生打开了信仰之门。从佛教东传到"伊儒会通"，在外来宗教不断本土化的进程中，多元宗教之间和而不同，涵化共生，共同书写了中华文化的博大精深，绘就了中华文明兼容并蓄的坦荡襟怀。

青铜莲花熏香炉

辽代

长32厘米，宽8.5厘米，高11.3厘米

内蒙古博物院藏

熏香炉形似一束三头莲花，莲茎为手柄，盛开向上的仰莲巧制为炉身，向下的莲叶为座，饰有荷叶脉纹，造型别致精美。辽代佛教盛行，此香炉从形制和功用上都应与佛教有关，是佛教文化影响生活习俗的体现。

铜佛造像

北魏

高11.5厘米；高5厘米

内蒙古博物院藏

北魏时期佛教盛行，造像雕刻艺术也得到了极大的发展。这一时期佛教造像的特点是细颈削肩、秀骨清像、褒衣博带、华丽繁缛，整体纯实圆润，美学价值甚高。造像艺术形式的出现是基于百姓的情感寄托，承载了祈求和平与平安的愿望，也体现了北魏时期的工艺美术风格，是时代风貌的缩影。

铜鎏金释迦牟尼坐像

元代

高39.5厘米,宽29.5厘米

内蒙古自治区阿拉善盟额济纳旗黑城遗址出土

内蒙古博物院藏

像高螺髻,眉间有白毫,低眉信目,着袈裟,双手施禅定印,呈静默修行姿态。该佛像出土于内蒙古自治区阿拉善盟额济纳旗的黑城遗址,这一地区是元代河西走廊通往岭北行省的驿道要站,各种宗教文化在此交流碰撞,其中出土的文物也成为研究元代政治、经济、文化、宗教等方面的重要实物资料。

景教墓顶石

元代

长117厘米,宽36厘米,高38厘米

内蒙古博物院藏

由灰色花岗岩雕刻而成,呈长方体。顶端正面及两侧浮雕十字莲花纹,后身两侧较窄处雕有双叶蔓草纹、缠枝卷云纹,上部有一行古叙利亚文。

元代对宗教持包容态度,佛教、道教、伊斯兰教、基督教都有传播。还有不少信仰伊斯兰教的波斯人和阿拉伯人迁入中国,他们同各民族长期杂居相处,逐渐交流融合。

幻方铜板

元代

长19.4厘米，宽16.7厘米，厚0.6厘米

内蒙古博物院藏

铜制，正方形，平面横纵各6列，格内填充阿拉伯数字1到36组成方阵。

幻方，我国古代称为河图、洛书，又名方阵、纵横图。六六幻方展现了数学原理的神秘与奇妙，被古人看作驱邪神物。中世纪时期，阿拉伯人认为幻方具有保护生命和医治疾病的力量，把幻方当作护身符。幻方板是我国数学上应用阿拉伯数学最早的实物记录，也是东西方交流的重要物证。

錾如意莲瓣纹龙口紫铜法号

清代

长39厘米，口长7.5厘米，口宽6.5厘米

内蒙古博物院藏

法号由紫铜制成，形如弯月，中部装饰银质龙头，号角贯其口而过，前端下方配有活环。龙纹雕饰精细，头部鳞甲层叠排列，眼怒睁如铃，眉激扬如浪，舌外卷如叶，齿尖利如刃，形象生动，威势尽显。

蒙古文《金光明经》

清代

长53厘米，宽19厘米，厚8厘米

内蒙古博物院藏

《金光明最胜王经》又名《金光明经》，蒙古语称《阿拉坦格日勒》。此为清版刻本，内有彩绘护法天王像、朱书，全册共214页，具有重要的文献价值。

合

中华文明具有突出的统一性。早在先秦时期，我国就逐渐形成了以炎黄华夏为凝聚核心、"五方之民"共天下的交融格局。至秦一统天下，书同文、车同轨，汉武帝将"大一统"政治理念纳入构建王朝治理的实践，形成一个强大而稳固的文明中心，并不断向外辐射。历代王朝更是将"大一统"思想贯通于治道的因革损益与治术的进退消长之中，不断完善"因俗而治"的边疆治理模式，使之延续不辍，代有递嬗。文明的江河川流不息，即使遭遇重大挫折，中华民族也始终牢固凝聚，从未泯灭"大一统"的精神内核，并内化为中华民族强大的文化信仰和政治使命。

一、九州共贯

秦设郡县制统辖天下，中原历代王朝则以和亲、移民、屯垦、羁縻、互市等方式经略边疆，"茝中国而抚四夷也"，增进了中原与边疆地区的紧密联系。在"大一统"格局之下，各民族共同开拓了辽阔北疆，中华民族的认同度更高、凝聚力更强。

新莽时期"大泉五十"铜范

西汉

长8.5厘米，宽8.4厘米，高1.4厘米

内蒙古博物院藏

钱范是制造钱币的模具，多以陶泥压造而成，称为陶范。制作陶范的模具为青铜铸造，称为铜母范。这件"大泉五十"铜范是叠铸法所用母范，范内含阴阳相错钉铆，钱形为四枚，正背相错排列，范面及钱形制作规整、精细。"大泉五十"铸钱铜范的发现，为了解新莽时期的货币制度和制造技术提供了重要的实物资料。

铜量

秦代

长30厘米，宽16.3厘米，高9厘米

内蒙古博物院藏

椭圆形，广口，平底，柄中空，外壁刻有小篆铭文，是秦始皇二十六年（前221年）统一度量衡颁布的诏书、秦二世元年（前209年）为巩固度量衡统一的诏书。

秦始皇诏文为："廿六年皇帝尽并兼天下，诸侯、黔首大安。立号为皇帝，乃诏丞相状、绾，法度量，则不壹，歉（嫌）疑者，皆明壹之"。

二世诏文为："元年制，诏丞相斯、去疾。法度量，尽始皇帝为之，皆有刻辞焉。今袭号，而刻辞不称始皇帝。其余久远也。如后嗣为之者，不称成功盛德。刻此诏，故刻左，使毋疑"。铜量是当时制作的标准量具，是秦统一度量衡的实物资料。

新莽时期"大泉五十"铜钱

西汉

最大直径2.8厘米

内蒙古博物院藏

"大泉五十"属当时六泉之一,"大"是指钱面值较大,"泉"是钱的代称,"五十"是面值。此枚大钱相当于五十枚五铢钱,即大钱当五十。"大泉五十"铸造时间仅有13年,是西汉末年新朝通行货币中铸量最大的货币。

"单于和亲"瓦当

汉代

直径15.5厘米

内蒙古博物院藏

西汉晚期呼韩邪单于与王昭君的联姻,书写了"昭君出塞"的历史佳话。"单于和亲"瓦当就是这一历史事件的实物见证。

中原王朝经略北疆历史悠久,如秦朝修建直道;汉朝设置朔方、云中等郡县,北方民族大量内附;隋唐建立了羁縻州府;宋辽金时期,北方游牧民族建立政权,纷纷仿汉制进行改革;元朝一统大漠南北,设立岭北行省;明朝封贡互市,官设马市一度繁荣;清朝实施盟旗制等。中原王朝对北疆一直进行着有效管理,北方草原地区与中原地区数千年间不断交往交流交融,众多北方部族融入中华民族大家庭,为中华疆域拓展与文化传承作出重要贡献。

"晋鲜卑归义侯"金印

西晋

长2.2厘米，宽2.2厘米，高2.65厘米

内蒙古博物院藏

西晋赐予鲜卑首领的印信。西晋对北方部族实行怀柔政策，内蒙古地区发现了"晋鲜卑归义侯"和"晋鲜卑率善中郎将"等金银印章，表明北方地区各部族与中原王朝存在着紧密联系。

西夏文铜印

西夏

长5.2厘米，宽5.1厘米，高2.8厘米

内蒙古博物院藏

印面为正方形，书九叠篆，译为"首领"。印背刻两行西夏文，应为受印人姓名及年款。钮上刻西夏文"上"。"首领"二字并非西夏官职名称，是对具有世袭身份的党项部落领袖的称谓，对外代表本部族，对内统领所属部落。

"皇甫"铜权

元代
高16厘米，底径9.8厘米，腹径9.5厘米
内蒙古自治区乌兰察布市四子王旗城卜子古城出土
内蒙古博物院藏

倒梯形钮，权身上鼓下收，底呈塔座形。权身腹部正面铸有楷体阴文"南京"，背面铸有楷体阴文"皇甫"。"南京"为当时的地名，治所即今河南省开封市。对"皇甫"的解释有多种说法：或称"皇甫"为工匠之姓氏；或称"皇甫"为元大都皇城之内的部门所造；或称"皇甫"为官署指定的专门从事铸造衡器作坊的特定标记。

元代由于疆域广阔，商贸发达，频繁使用衡器让其损耗惊人。为提高效率，元朝颁布统一标准，衡器的制作和检验下放到各个地方，因而出现了不同年号、不同地方制作的多种铜权，这也从一个侧面反映出元代经济的繁荣程度。

札萨克印

清代
长10厘米，宽10厘米
内蒙古博物院藏

银质，虎钮，印文为某某旗札萨克之印。"札萨克"为蒙古语，"执政官"之意，是清代蒙古族地区各旗旗长的称谓。

龙首扣如意云纹银饰包香牛皮盟长木印盒

清代
长15.7厘米，宽15.5厘米，高17.9厘米
内蒙古博物院藏

镶珊瑚三眼花翎凉帽

清代

高25厘米,帽径30厘米,通长60厘米

内蒙古博物院藏

鄂尔多斯右翼中旗嵌银札萨克令牌

清代

通长26.5厘米,宽10.5厘米,厚1.5厘米

内蒙古博物院藏

此令牌为鄂尔多斯右翼中旗供外出传递谕令、公文的官员所持的身份证明。

三、守望相助

内蒙古自古就是各民族交往交流交融的沃土。作为中国共产党领导的第一个成立的省级少数民族自治区,内蒙古各族人民始终像石榴籽一样紧紧拥抱在一起,守望相助,赢得并长期呵护了"模范自治区"的崇高荣誉,在中国式现代化建设进程中闯出了一条新路。

内蒙古自治政府布告(第一号)

1947年

长53厘米,宽37厘米

内蒙古博物院藏

1947年5月30日,内蒙古自治政府颁布第一号布告,公布自治政府第一次政府委员会议决定:5月1日为内蒙古自治政府成立纪念日;原内蒙古自治运动联合会会旗为自治政府旗;内蒙古自治政府所在地暂设于兴安盟王爷庙街。

中国共产党成立后,内蒙古地区的反帝反封建斗争面貌一新,汇入全国的革命洪流中。内蒙古地区与内地的交往交流交融成为常态,一体化程度达到了前所未有的高度。在共同的生产生活过程中,在共同的反侵略斗争过程中,在共同参加中国共产党领导下的革命斗争过程中,内蒙古地区各族人民的中华民族共同体意识逐渐觉醒,对伟大祖国的认同、对中华民族的认同、对中华文化的认同、对中国共产党的认同程度不断提高。在中国共产党领导下,内蒙古各族人民获得解放,于1947年5月建立了我国第一个省级少数民族自治区。1949年10月1日,中华人民共和国成立,开启了中华民族伟大复兴的历史新纪元,党领导内蒙古各族人民投入建设新中国的伟大事业之中。

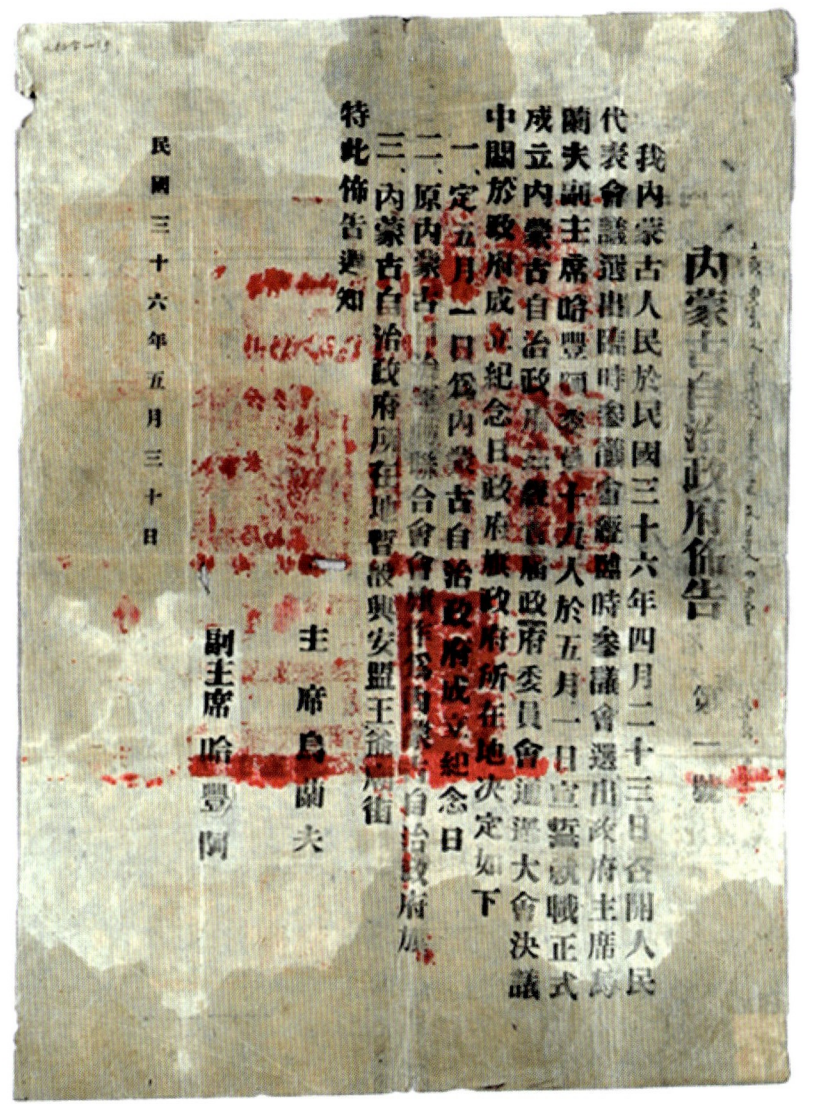

龙梅玉荣表彰信

1964年

长41厘米,宽30厘米

内蒙古博物院藏

1964年2月9日,12岁的龙梅和9岁的玉荣主动为公社放羊时,突遇暴风雪,气温骤降至-40℃,300多只羊逃散。为了不让集体财产受损失,姐俩拼命追赶、收拢羊群,一夜间走出了30多千米,被严重冻伤。经过大力营救,小姐妹才脱离生命危险。由于她们的英勇事迹,内蒙古自治区党委授予她们"草原英雄小姐妹"的光荣称号。

新中国成立后,这样体现爱国主义、集体主义、拼搏奉献精神的事例在内蒙古自治区屡见不鲜,创造了"齐心协力建包钢""三千孤儿入内蒙"等一系列历史佳话,成为守望相助、建设家园的典型代表,对新时代铸牢中华民族共同体意识、弘扬蒙古马精神,更好完成"两个屏障""两个基地""一个桥头堡"的光荣使命具有重要意义。同时也激励着内蒙古自治区各族人民自信自强,为"模范自治区"增光添彩,为"中华民族一家亲,同心共筑中国梦"的总目标、为中华民族伟大复兴的伟业奋勇向前。

草原图卷

1957年

长17.4米

内蒙古博物院藏

《草原图》为费新我作，1957年捐赠内蒙古博物院。

费新我（1903年12月—1992年5月）是我国著名书法家、画家。费新我创作了大批反映社会主义建设及劳动人民生产的画作，他的《草原图》被丰子恺誉为"内蒙古的《清明上河图》"。

　　中华文明具有突出的和平性。道法自然、天人合一的生存理念，天下惟宁、安民富民的价值导向，革故鼎新、与时俱进的精神气质，亲仁善邻、协和万邦的处世之道，已经成为根植于中华民族血脉中的文化基因，成为人民群众日用而不觉的价值观念，中国人的信仰体系与精神世界因之绵延恒久。从"天下大同"到为世界谋大同，中国始终是世界和平的建设者，全球发展的贡献者，国际秩序的维护者。构建人类命运共同体理念一经提出，便成为引领时代潮流和人类文明进步方向的鲜明旗帜。立北疆，观古今。望世界，盼永宁。

一、天下惟宁

中华优秀传统文化中蕴藏着解决当下难题的重要启示。讲信修睦，求同存异，修文德以来远人，是中国人极致的精神追索。古人修身、齐家、治国、平天下的智慧，与现实文化相融相通，浸润心灵，启迪心智，是中华文明对当代社会价值的深情馈赠。以铜为鉴，可以正衣冠。以史为鉴，可洞悉天下惟宁的中华美德。

"必忠必信"铭文铜镜

西汉

直径18.2厘米，重529克

清华大学艺术博物馆藏

———

铜镜铭文："必忠必信，久而必亲；不信不忠，久而自穷"。忠信文化一直为古人所衷，此铭文内容对于当今构建和谐社会，提倡诚信有为，仍具有重要的现实意义。

贤者铭四灵博局镜

新莽、东汉

直径16.3厘米，重770克

清华大学艺术博物馆藏

———

铭文："贤者戒己仁为右，急忘（荒）毋以象君子，二亲有疾身常在，时时（侍侍）"。

四灵博局镜的纹饰主要由青龙、白虎、朱雀、玄武四种神兽和博局纹组合而成。博局纹又称规矩纹，根据现有的资料可知，它的出现大约在西汉中后期，至新莽时期开始流行。

铜镜具有悠久的历史，不仅是实用工具，更凝聚着中华优秀传统文化的深厚底蕴，是历史文化的重要载体。

"清素传家永用宝鉴"菱花镜

金代
直径14.2厘米
内蒙古博物院藏

"存心忍耐"重圈纹铜镜

元代
直径9厘米
内蒙古博物院藏

"家常富贵"四乳纹铜镜

金代
直径15.9厘米
内蒙古博物院藏

"福寿双全"铜镜

明代
直径45厘米
内蒙古博物院藏

二、大道不孤

在"天下一家"天下观的影响下,中国将"协和万邦"的和平、和睦、和谐相处思想引申到国际关系中,回答了"世界向何处去、人类怎么办"的时代之问,提出构建人类命运共同体的理念,为建设更加美好的世界提供了中国方案。北疆人民也以大道不孤的气度,成就了近者悦服,远者来归的世纪佳话。

《和平宣言》

1950年

长69厘米,宽38.6厘米

内蒙古博物院藏

宣言中央书写红色的"和平"两字,左上角和右下角绘制衔着橄榄枝的和平鸽,右侧书写"世界拥护和平大会常设委员会宣言"。

1950年5月9日,中央人民政府政务院下达关于展开保卫世界和平签名运动的指示,在全国各地展开签名运动,积极响应世界和平大会常设委员会的宣言。随后,中国保卫世界和平大会委员会(即后来的中国人民抗美援朝总会)发出通告,号召全国人民积极行动起来,响应世界和平大会的正义号召,组织开展广泛的和平签名运动。此《和平宣言》即为当时内蒙古地区各界人民群众响应号召时的签名。

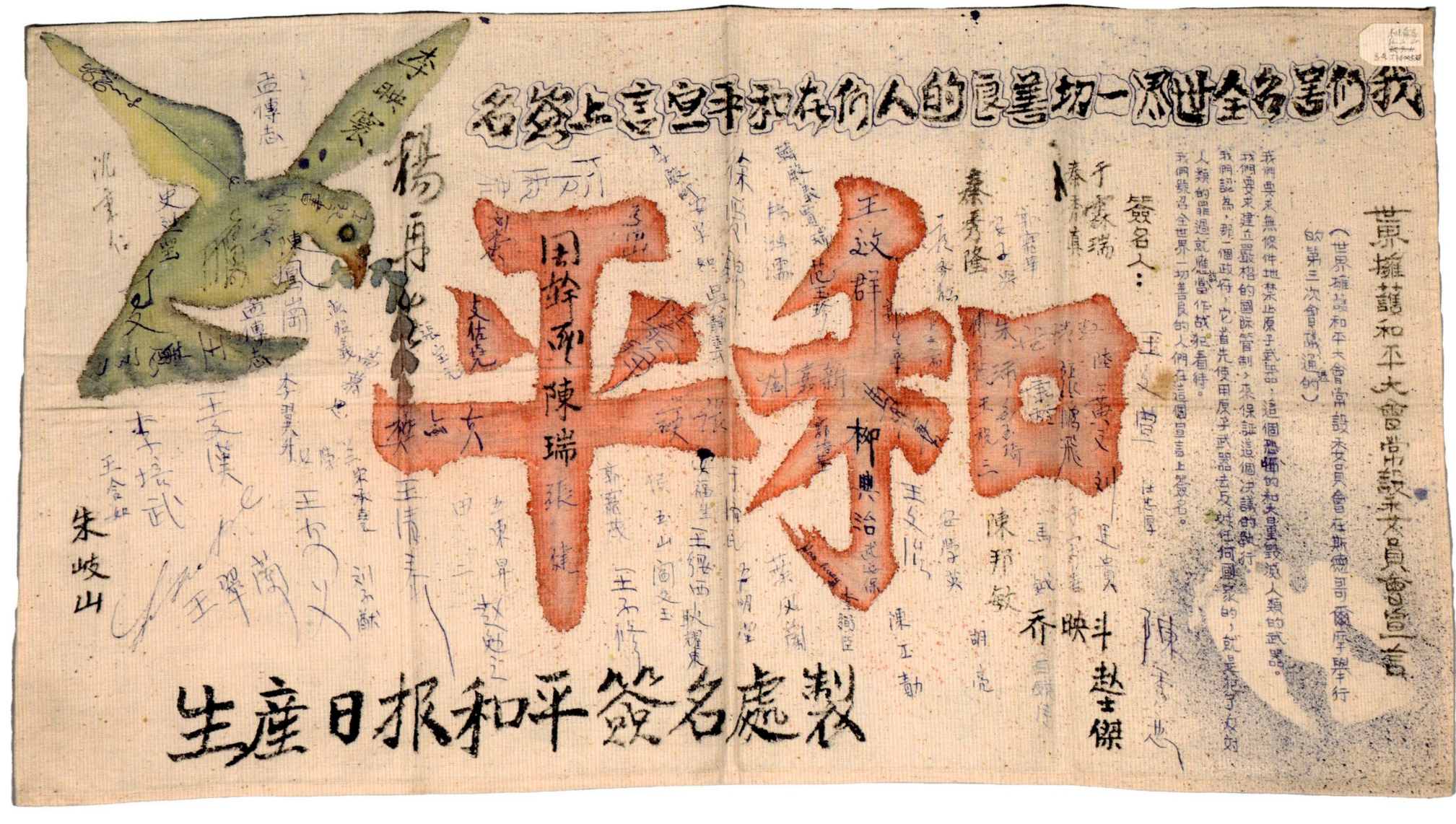

外事活动纪念品

礼尚往来是中国的传统美德,在国际交往中,常常互赠礼品,作为和平、友谊的象征。这次展出的几件工艺品,是在官方外事活动中收到的部分礼物,体现出内蒙古各族人民与世界各地的友好往来,以及中华民族追求和平的永恒主题。

苏联赠花卉纹錾花单柄银杯套

1955年

高9厘米

内蒙古博物院藏

苏联赠花卉纹錾刻银茶筒

1955年

腹径7厘米,高12厘米

内蒙古博物院藏

苏联赠錾花提梁银钵

1955年

腹径10厘米，高5厘米

内蒙古博物院藏

印度赠人物故事纹银钵

1954年

口径15.9厘米，底径11.9厘米，腹径20厘米

内蒙古博物院藏

蒙古国赠象牙浮雕摆件

1957年

长50厘米，宽9厘米

内蒙古博物院藏

尼中友协赠尼泊尔弯刀

1956年

通长41厘米

内蒙古博物院藏

捷克斯洛伐克赠嵌刻花卉纹长柄斧

1955年

长94厘米

内蒙古博物院藏

布隆迪赠草编尖顶盖钵

1978年

口径38厘米，高65厘米

内蒙古博物院藏

匈牙利赠白釉彩绘花卉纹瓶

1953年

腹径10厘米，高16厘米

内蒙古博物院藏

布隆迪赠椰木高柄盖罐

1978年

腹径15厘米，高21厘米

内蒙古博物院藏

椰木盖罐，整体红彩，呈橄榄形，盖有长柄。

该工艺品为布隆迪赠送内蒙古艺术团的礼品。1978年10月，内蒙古艺术团出访非洲布隆迪、坦桑尼亚、塞舌尔三国，为增进中非友谊作出了贡献。

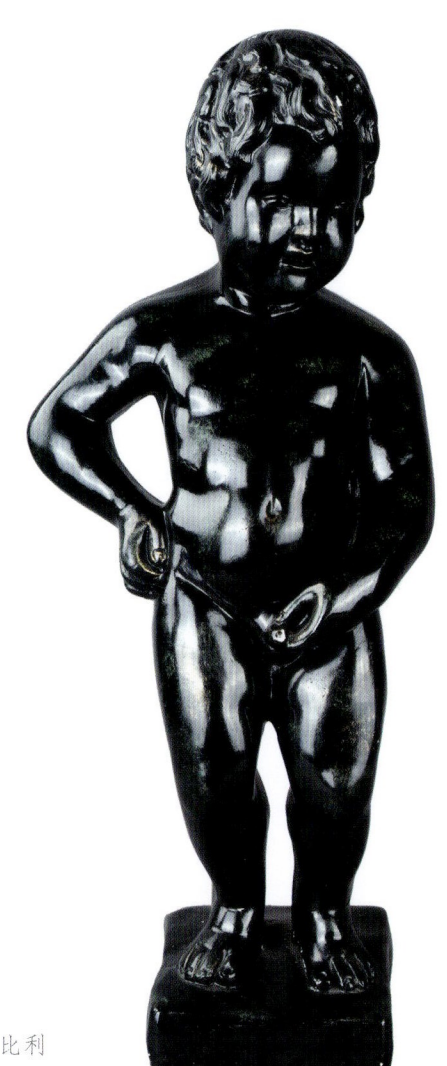

比利时皇家科学院赠于连塑像

1997年

高63厘米

内蒙古博物院藏

于连石膏塑像，表面刷黑漆。相传于连是14世纪比利时布鲁塞尔的一位小市民，他撒尿浇灭了引燃炸药的导火线，拯救了布鲁塞尔，被誉为"布鲁塞尔第一公民"。塑像原件立于比利时首都布鲁塞尔中心广场附近，1619年由比利时雕塑大师捷罗姆克思诺创作。

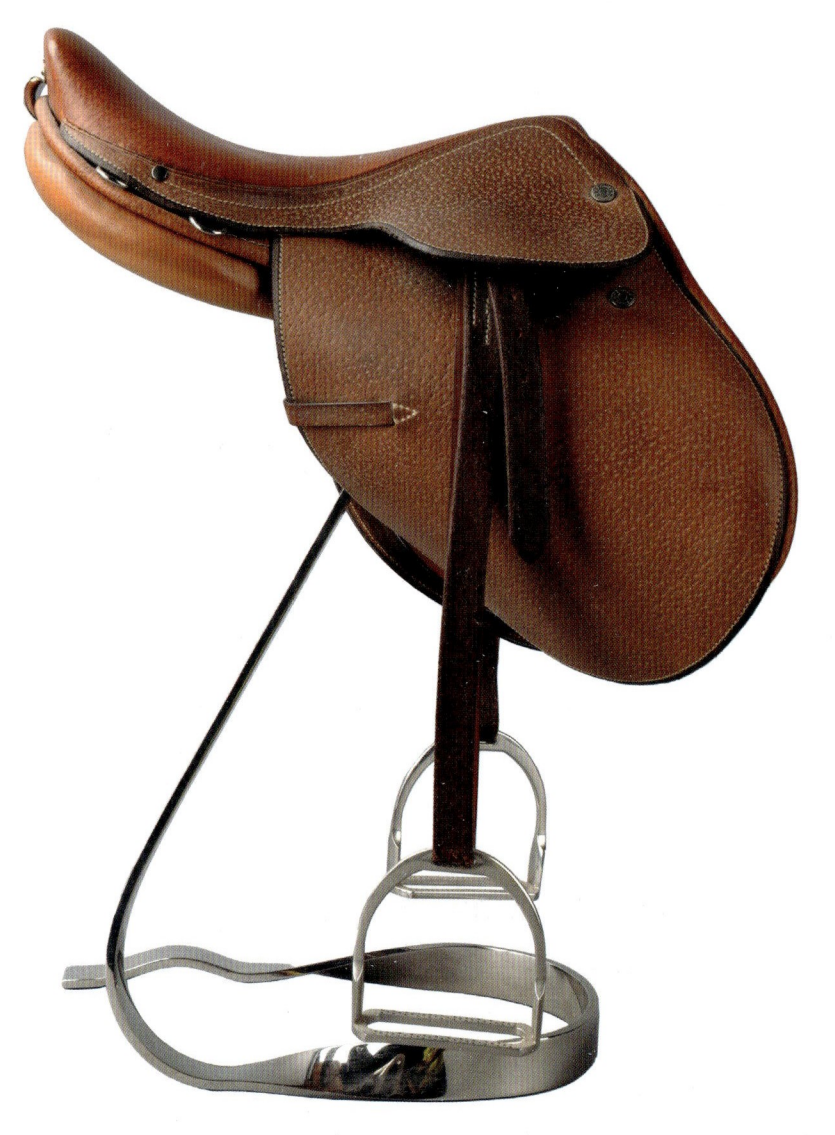

法国爱马仕公司赠马鞍模型

1997年

长31厘米,宽20厘米,高14.5厘米

内蒙古博物院藏

结 语

在探寻中华民族精神基因、文化血脉的实践中,让北疆文物发声,让北疆历史说话,让北疆文化发力,是我们解码中华文明突出特性之北疆印迹的密钥所在。中华文明源远流长,从一线清溪渐成澎湃巨浪,时而静水流深、波澜不惊,时而奔腾浩荡、沛然莫御,最终汇聚为承载人类智慧的生命之流。如今,在圆梦复兴的伟业中,我们可以从北疆文化的视角,实证中华民族同根同源、一脉相承的根脉所在,深刻把握中华文明的五大突出特性,正确理解中华文明的深刻内涵和精神实质,在新的起点上进一步推动中华优秀传统文化创造性转化、创新性发展,更好担负起推动文化繁荣、建设文化强国、建设中华民族现代文明的光荣使命。